Martin F. Hanko

FORMAL-ANALYTISCHES DENKEN

100 Übungsbeispiele für den Methodikteil des Aufnahmeverfahrens Psychologie

Martin F. Hanko

FORMAL-ANALYTISCHES DENKEN

100 Übungsbeispiele für den Methodikteil des Aufnahmeverfahrens Psychologie

www.psychologe-hanko.at

1. Auflage Juni 2015

CreateSpace Independant Publishing Platform

Vorwort

Liebe Leserin, lieber Leser,

aus meiner mehrjährigen Erfahrung im Abhalten von Vorbereitungskursen für die Aufnahmeprüfung Psychologie an österreichischen Universitäten weiß ich, dass der Testteil des formal-analytischen Denkens für viele Bewerberinnen und Bewerber eine große Herausforderung darstellt. Viele können sich unter dem Begriff „formal-analytisches Denken" im Vorfeld kein genaues Bild machen, was einem am Tag der Aufnahmeprüfung bei diesem Untertest zu erwarten hat. Andere wissen um ihren Übungsbedarf in diesem Bereich und scheitern am Auffinden seriöser, testähnlicher Übungsbeispiele im Internet.

Dieses Buch soll Ihnen helfen, Ihre Fähigkeit zum formal-analytischen Denken weiter zu schulen, Ihr Verständnis für mögliche Aufgabenstellungen in diesem Bereich zu verschärfen und mit dem Antwortformat, welches Sie auch beim Aufnahmetest erwarten wird, vertraut zu werden. Anhand von 100 testnahen Multiple Choice Übungsbeispielen zu diesem Methodikteil, die sich am Aufnahmetest für das Bachelorstudium Psychologie an den österreichischen Universitäten Wien, Graz, Salzburg und Innsbruck orientieren, werden Ihnen die verschiedenen prüfungsrelevanten Möglichkeiten gezeigt, formal-analytisches Denken zu testen.

Sie haben durch die Bearbeitung der Übungsbeispiele die Möglichkeit, Ihren aktuellen Status quo zu erheben. In einem separaten Lösungsteil am Ende des Buches, in welchem zu jeder der zur Auswahl stehenden Antwortalternativen pro Übungsbeispiel begründet wird, warum eine Antwort korrekt bzw. falsch ist, haben Sie die Möglichkeit, Ihre Antworten zu überprüfen und die Bearbeitung der Aufgabenstellungen zu vertiefen. Sie lernen dadurch worauf man bei der Formulierung mancher Antwortalternativen zu achten hat, was tatsächlich zum Beispiel aus einer Grafik ableitbar ist und welche Schlussfolgerungen man ziehen darf. Diese Art des „akademischen Denkens" ist eine Voraussetzung zur Lösung formal-analytischer Aufgabenstellungen und wird Ihnen anhand dieser Übungsbeispiele nähergebracht.

Die Unterteilung der Beispiele in die verschiedenen Kapitel soll Ihnen helfen, jene Kategorie von Beispielaufgaben gezielt üben und wiederholen zu können, die Ihnen erfahrungsgemäß schwieriger fallen. Dies erspart Ihnen das mühsame Suchen und Auffinden von Beispielen, die ungegliedert zusammengestellt sind.

Ich lade Sie dazu ein, Ihre Antworten und Notizen auf einem separaten Zettel zu machen, so dass Sie die Möglichkeit haben, die Methodikbeispiele auch mehrmals durchzugehen, ohne dass Ihnen Ihre eigenen Markierungen die Antworten bereits vorweg nehmen.

Im Bemühen Ihnen ein möglichst gutes und testnahes Übungsbuch zum formal-analytischen Denken zur Verfügung zu stellen könnte sich doch der eine oder andere formale oder inhaltliche Fehler eingeschlichen haben. In diesem Falle bitte ich Sie mich unter der e-mail Adresse office@psychologe-hanko.at zu kontaktieren.

Ich wünsche Ihnen ein spannendes und interessantes Bearbeiten der Aufgabenstellungen und ein erfolgreiches Absolvieren der Aufnahmeprüfung!

Martin F. Hanko

Inhaltsverzeichnis

Einleitung

Aufgrund des steigenden Interesses an Gesundheits- und Sozialberufen im allgemeinen und der Fachrichtung Psychologie im speziellen und der damit einhergehenden wachsenden Zahl an Bewerberinnen und Bewerber für die jeweiligen Studienrichtungen sahen sich die österreichischen Universitäten in den letzten Jahren gezwungen, die jährlich zur Verfügung stehenden Studienplätze für Studienanfängerinnen und Studienanfänger dieser begehrten Studienrichtungen zu begrenzen (Tabelle 1). Da es ein Vielfaches an Bewerberinnen und Bewerbern für die zur Verfügung stehenden Studienplätze für Studienanfängerinnen und -anfänger gibt, hat man sich seitens der Universitäten für ein schriftliches Aufnahmeverfahren entschieden, das die „am besten geeigneten" Personen herausfiltern soll, die mit hoher Wahrscheinlichkeit auch das Studium der Psychologie absolvieren können.

Tabelle 1: Studienplätze für BewerberInnen für das Bachelorstudium Psychologie nach Universitäten

Universitätsstandort	**Studienplätze**
Wien	500
Graz	230
Salzburg	200
Innsbruck	200
Klagenfurt	115

Das Aufnahmeverfahren der Universitäten Wien, Graz, Salzburg und Innsbruck findet einmal jährlich und zum selben Zeitpunkt an allen vier Universitätsstandorten statt. Inhaltlich unterscheiden sich diese Aufnahmeverfahren nicht, das heißt es kommen dieselben Prüfungsfragen beim Aufnahmeverfahren zum Bachelorstudium Psychologie der Universität Wien wie beim Aufnahmeverfahren der Universitäten Graz, Salzburg und Innsbruck. Lediglich das Aufnahmeverfahren der Universität Klagenfurt unterscheidet sich sowohl inhaltlich von den anderen, als auch vom Zeitpunkt der Durchführung des Aufnahmeverfahrens.

Das vorliegende Buch orientiert sich am Aufnahmeverfahren der Universitäten Wien, Graz, Salzburg und Innsbruck und soll insbesondere auf den Teil des formal-analytischen Denkens vorbereiten. Grundsätzlich gliedert sich der Aufnahmetest in drei Teile (Abbildung 1), für deren Bearbeitung den Bewerberinnen und Bewerbern eine Nettobearbeitungszeit von zirka 3,5 Stunden zur Verfügung steht. Dabei werden alle drei Prüfungsteile gemeinsam ausgeteilt und die Studienbewerberinnen und Bewerber können selbst entscheiden, mit welchem Teil sie beginnen und wie viel Zeit sie dafür verwenden möchten. Dies erfordert außer den testspezifischen Anforderungen auch ein gewisses Maß an Zeitmanagement und Strukturiertheit.

Abbildung 1: Die drei Teile des Aufnahmeverfahrens des Bachelorstudium Psychologie

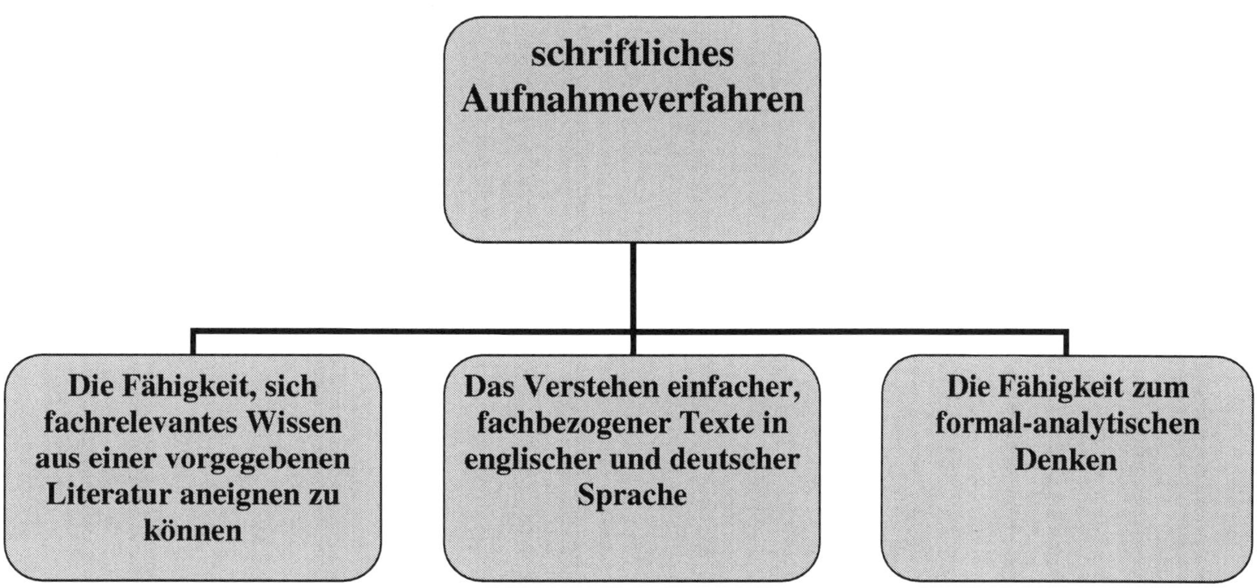

Das Antwortformat dieses schriftlichen Aufnahmeverfahrens ist ein Multiple-Choice Format mit vier Antwortalternativen, von denen eine, zwei, drei oder alle vier richtig sein können. Die Bewerberinnen und Bewerber haben keine Information darüber, wie viele Antwortaussagen pro Frage als richtig beziehungsweise falsch zu markieren sind. Die Antworten sind auf einem extra Antwortbogen anzukreuzen, wobei man pro Antwortaussage angeben muss, ob diese richtig oder falsch ist. Die Bewerberinnen und Bewerber bekommen nur dann die pro Beispiel zur Verfügung stehende Punktanzahl, wenn *alle Aussagen pro Beispiel richtig zugeordnet worden sind.* Dieses Antwortformat bezieht sich auf alle drei Teile des Aufnahmeverfahrens.

Was versteht man unter formal-analytischem Denken?

Analytisches Denken bezieht sich auf das Erkennen von Regeln und Zusammenhängen während einer Untersuchung von bestimmten Sachverhalten. Diese Sachverhalte können nun Informationen sein, die zum Beispiel durch Tabellen oder Diagramme zur Verfügung gestellt werden.
Der Schweizer Entwicklungspsychologe Jean Piaget (1896-1980) postulierte verschiedene kognitive Entwicklungsstufen, die Menschen während ihres Heranreifens durchlaufen. Die letzte dieser Stufen, die durchschnittlich mit dem Alter von 11 Jahren beginnt, bezeichnete Piaget als das Stadium der formalen Operationen. In dieser Entwicklungsstufe lernen Menschen zu abstrahieren, logische Schlussfolgerungen zu ziehen und sich „Gedanken über die eigenen Gedanken" zu machen. Diese Art zu Denken ist nicht mehr bloß auf konkrete Informationen beschränkt, sondern geht darüber hinaus.

Kann man formal-analytisches Denken trainieren?

Da man formal-analytisches Denken als Fähigkeit in Folge bestimmter Hirnreifungsprozesse erwirbt, kann man es nicht *direkt* trainieren. Allerdings lässt sich das Bearbeiten und Lösen von Testaufgaben, die formal-analytisches Denken messen sollen, gut trainieren. Nicht nur, dass man als geübter „Proband" zeiteffizienter und somit schneller arbeitet (was bei einem Aufnahmetest unter Zeitbegrenzung eine wesentliche Rolle spielt), man vermag auch generell mehr Beispiele als vor einem spezifischen Training lösen zu können.

Welche Aufgabenstellungen können formal-analytisches Denken testen?

Grundsätzlich kann die Art der Aufgabenstellungen sehr heterogen sein, in den letzten Jahren sind aber vor allem diese Arten der Aufgabenstellungen zum formal-analytischen Denken beim Aufnahmetest an den Universitäten gekommen:

- Interpretieren von Tabellen
- Interpretieren von Diagrammen,
- Basiskenntnisse zu mathematisch-statistischen Problemstellungen
- Basiskenntnisse zu stochastischen Problemstellungen
- Einfaches Arbeiten mit Formeln und Prozentrechnungen

Im folgenden werden Ihnen nun insgesamt 100 Übungsbeispiele zu den jeweiligen Kategorien vorgestellt, die Sie beantworten können. Achten Sie bitte darauf, dass Sie beim Aufnahmetest zu *jeder einzelnen* Antwortalternative angeben müssen, ob Sie diese für „richtig" oder „falsch" einstufen.

Diagramme

1. Psychologiestudierende nach Herkunftsländern

Die starke Nachfrage von vor allem deutschsprachigen StudienbewerberInnen setzt dem österreichischen Hochschulsystem in manchen Studienrichtungen gehörig zu. Verstärkte Nachfrage bundesdeutscher BewerberInnen nach Studienplätzen in Österreich wurde nach dem EU-Beitritt Österreichs 1995 registriert. Obschon damit und mit dem Anliegen von Bologna und Erasmus prinzipiell jedem EU-Bürger der damaligen EU-15-Staaten das Studieren in Österreich frei stand, wurde naturgemäß nur die stetig zunehmende Nachfrage von Studenten aus dem übrigen deutschen Sprachraum thematisiert, da sie so nicht erwartet wurde. Die zur Verfügung stehenden Studienplätze pro Universitätsstandort waren wie folgt: Wien: 500 Studienplätze, Salzburg: 200 Studienplätze, Innsbruck: 200 Studienplätze, Graz: 230Studienplätze, Klagenfurt: 115 Studienplätze. Die untenstehenden Grafiken zeigen österreichische und deutsche Psychologiestudierende (Bachelor) für die Jahre 2010-2014 sowie die Zahl der StudienanfängerInnen aufgeteilt nach Universitätsstandorten.

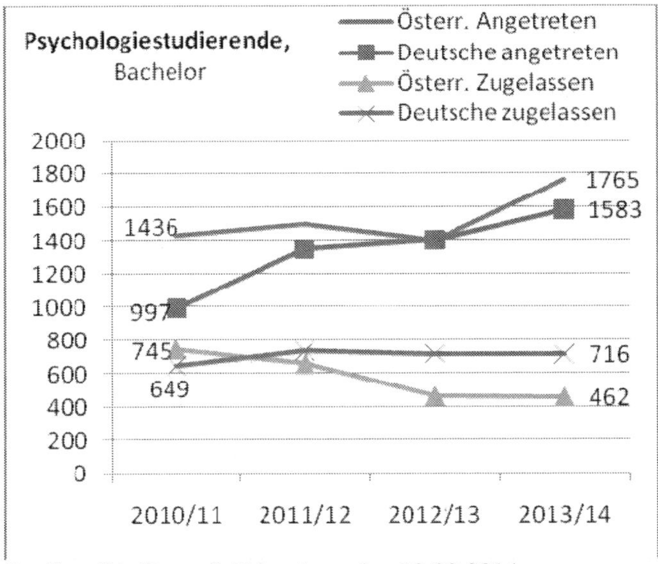

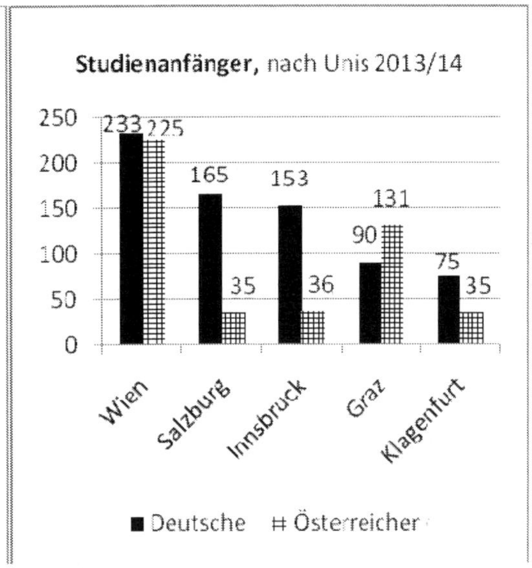

Quelle: „Die Presse“, Print-Ausgabe, 13.08.2014

Welche Aussage(n) lässt/lassen sich ableiten?

a) Die Zahl aller BewerberInnen je Herkunftsland für die Studienrichtung Psychologie war in Österreich in der Saison 2012/13 gleich hoch.
b) Ab der Saison 2011/12 gab es in Österreich erstmals mehr deutsche als österreichische Psychologiestudierende.
c) 2013/14 gab es in Innsbruck mehr als 4 mal so viele StudienanfängerInnen aus Deutschland als aus Österreich.
d) Während in der Saison 2010/11 noch zirka jede 2. österreichische BewerberIn für das Bachelorstudium Psychologie in Österreich einen Studienplatz erhielt, war dies 2013/14 nur noch etwa ein Viertel.

2. Punktwolken

Der Zusammenhang zwischen zwei Variablen kann in der Statistik per Korrelation erfasst werden. Dieser Zusammenhang kann entweder stark, mittel oder gering sein, sowie positiv oder negativ. Ein positiver Zusammenhang würde bedeuten, dass hohe Werte bei Variable A mit hohen Werten bei Variable B einhergehen, und negative Werte bei Variable A mit negativen Werten bei Variable B. Ein negativer Zusammenhang bedeutet, dass hohe Werte bei Variable A mit niedrigen Werten bei Variable B einhergehen und umgekehrt.

Diese Korrelationen lassen sich anschaulich in Punktwolken darstellen, mithilfe derer man auf einen Blick sehen kann, ob ein Zusammenhang vorhanden ist und in welche Richtung er geht. Ein Punkt ist dabei ein Datensatz, bestehend aus Variable A (X-Achse) und Variable B (Y-Achse). Je eher diese Punkte sich entlang einer unsichtbaren Linie zu entwickeln scheinen, desto stärker der Zusammenhang. Streuen sie hingegen breit, ist eher kein Zusammenhang zu erwarten.

Was kann man aus den folgenden Punktwolken schließen?

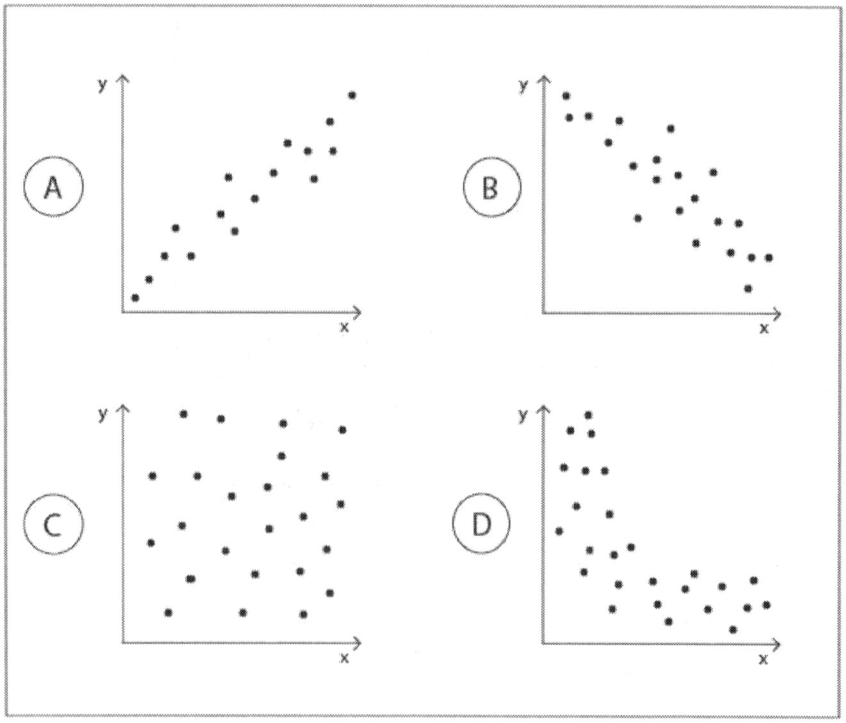

a) Es besteht ein Zusammenhang bei A, B und D
b) Es besteht ein Zusammenhang bei C und D
c) Abbildung A zeigt einen positiven Zusammenhang
d) Abbildung C zeigt keinen Zusammenhang

3. ABAB-Design

Führt man eine Wirksamkeitsstudie mit einem neuen Therapieverfahren durch so will man herausfinden, ob das neue Verfahren die Verbesserung bringt, die man sich von ihm erhofft. Nehmen wir das Beispiel einer Stresstherapie zur Senkung des Stresslevels. Leider sind Menschen tagtäglich allerhand Einflüssen ausgesetzt, sodass es oft schwierig ist, eine Veränderung auf einen einzelnen, in unserem Fall das Therapieverfahren, zurückzuführen. Deshalb gibt es Untersuchungsdesigns wie das ABAB-Verfahren. Hierbei wird vor Beginn der Therapie begonnen, das relevante Merkmal, hier das Stresslevel, zu messen. Dann wird die erste Therapiephase gegeben, wobei die Entwicklung des Stresslevels dokumentiert wird. Darauf folgt eine Phase ohne Therapie, um zu beobachten, ob sich das Merkmal wieder in Richtung Ausgangslage entwickelt. Zuletzt folgt eine zweite Therapiephase und die Abschlussmessung des Stresslevels. Verändert sich nun das gesuchte Merkmal analog zur Therapiegabe, d.h. sinkt das Stresslevel bei Beginn der Therapie, verstärkt sich beim Aussetzen dieser wieder und verringert sich wieder, wenn diese fortgesetzt wird, so ist die Veränderung eher auf die Therapie zurückzuführen als beispielsweise bei einem Experiment, bei dem nur vor und nach der Therapie die Werte des Merkmals gemessen werden. Betrachten Sie nun die untenstehende Abbilung zur Visualisierung eines ABAB-Designs.

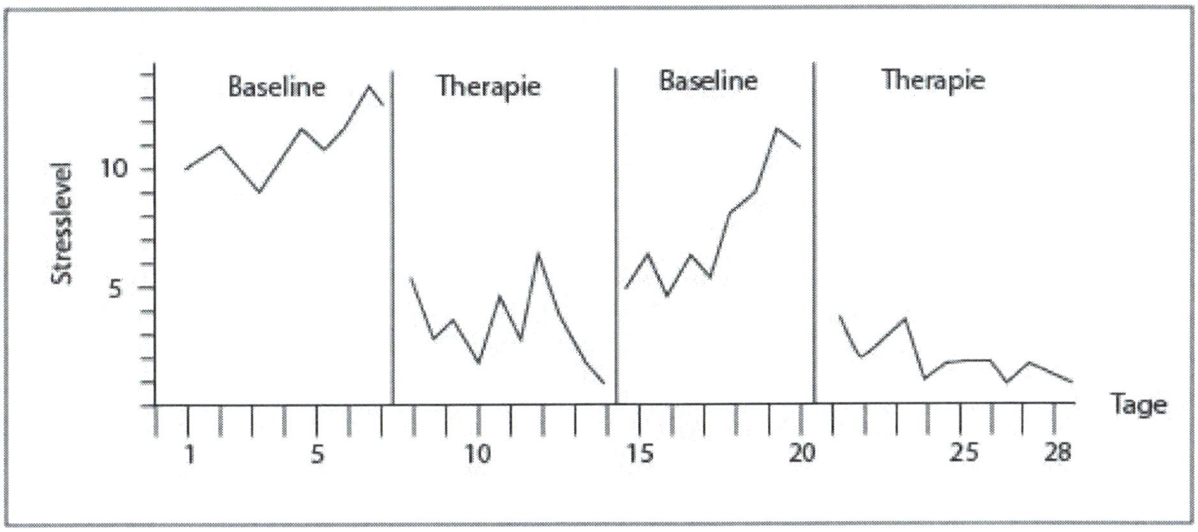

Welche Aussage(n) können Sie treffen?

a) Die Veränderung des Merkmals scheint nicht auf die Therapie zurückzuführen zu sein.
b) Die Therapie scheint zu einer Milderung des Merkmals zu führen.
c) Während der Therapiepause zeigt das Merkmal sofort wieder dieselbe Ausprägung wie vor Beginn der Therapie.
d) Das Stresslevel sinkt konstant über den Gesamtverlauf des Experiments.

4. Suizidraten und Saisonalität

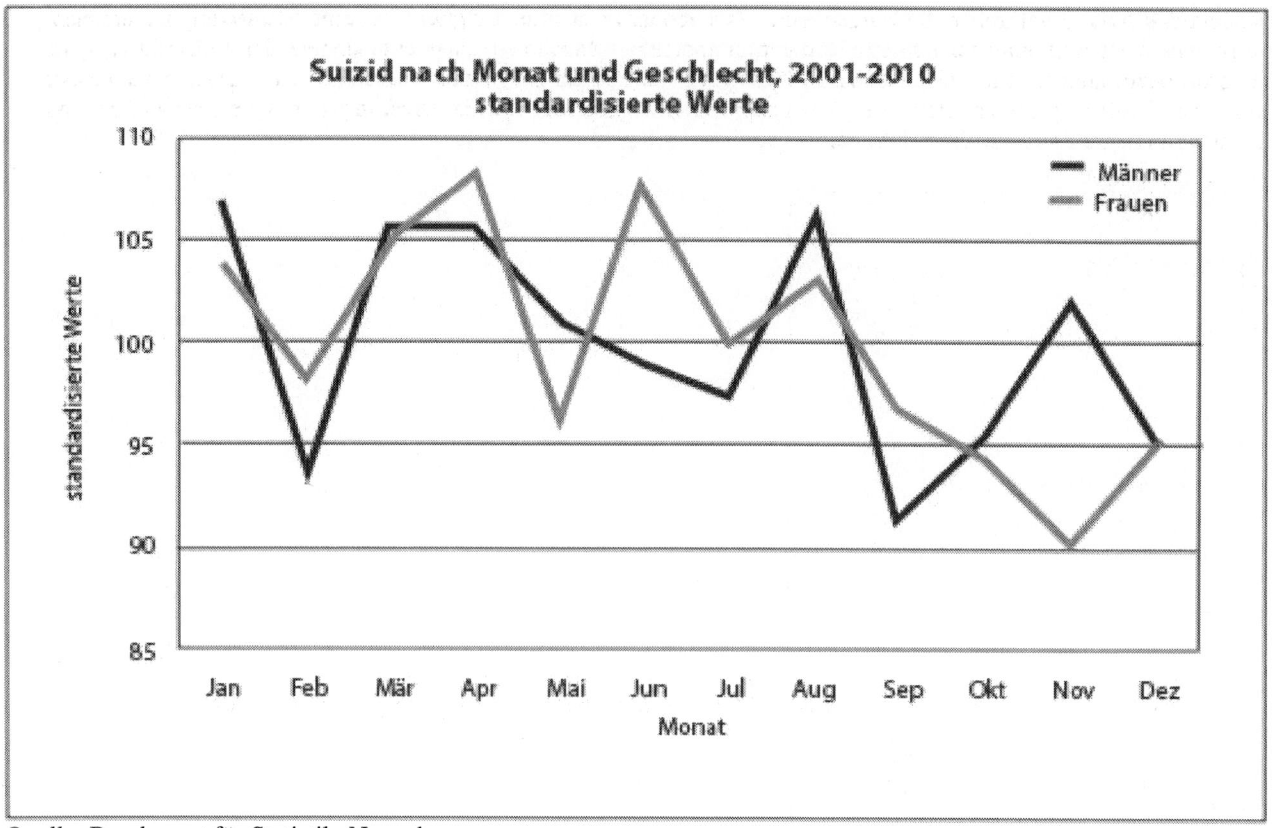

Quelle: Bundesamt für Statistik, Neuenburg

Das Diagramm zeigt die standardisierten Suizidraten von Männern und Frauen von 2001-2010, aufgeteilt nach Monaten. Welche Schlüsse kann man aus diesem Diagramm ziehen?

a) Im Dezember nahmen sich jeweils 95 Männer und Frauen das Leben.
b) Frauen begehen im erfassten Zeitraum durchschnittlich 1,5x öfter Suizid als Männer.
c) Die zwei Monate mit den häufigsten Suiziden sind bei Frauen April und Juni, während bei den Männern die Monate Jänner und August die stärksten Werte aufweisen.
d) Suizide finden am häufigsten im Winter statt.

5. Psychopharmaka

Bei der Behandlung von psychischen Störungen sind Psychopharmaka eine Möglichkeit, eine Besserung zu erzielen. Je nach Störungsbild ist eine unterschiedliche Medikation indiziert. Manche Medikamente dienen der Behandlung ganz spezifischer Störungen, andere, wie beispielsweise Antidepressiva, können bei verschiedenen Symptombildern verwendet werden, um eine Besserung zu erzielen. Die untenstehende Grafik stellt die Entwicklung der Verschreibungen von Psychopharmaka in Deutschland von 2000-2009 dar.

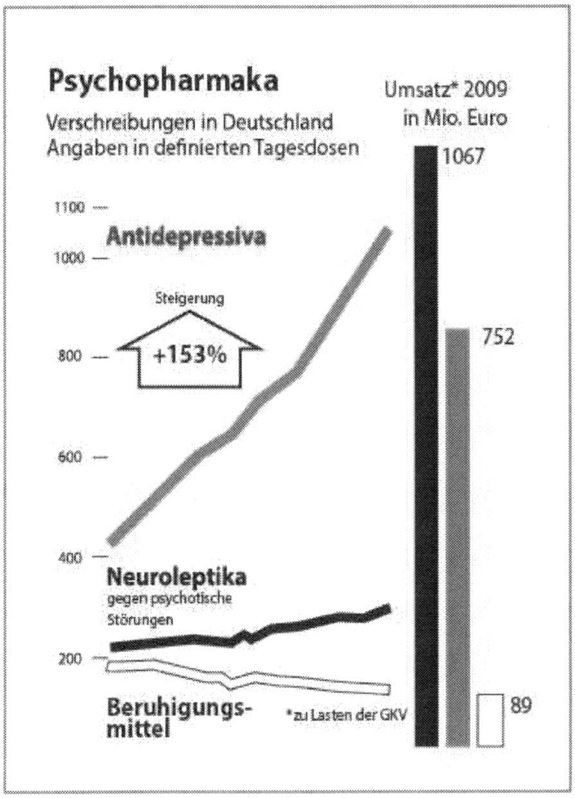

Quelle: AOK, Deutschland

Welche Aussage(n) können Sie treffen?

a) Die Anzahl der Menschen mit Depression hat sich von 2000-2009 mehr als verdoppelt.
b) Die Menge der verschriebenen Beruhigungsmittel ist jährlich gesunken.
c) Im Verhältnis zu den verschriebenen Tagesdosen wurden mit Antidepressiva im Jahr 2009 die niedrigsten Umsätze gemacht.
d) Die Menge der verschriebenen Neuroleptika ist von 2000-2009 leicht gestiegen.

6. Verteilung des Intelligenzquotienten

Zur Messung der Intelligenz eines Menschen werden oft Intelligenztests herangezogen. Viele dieser Tests geben als Ergebnis einen sogenannten Intelligenzquotienten (IQ) an, der die Intelligenz von Menschen einheitlich mess- und vergleichbar machen soll. Ein durchschnittlicher IQ liegt demnach zwischen 85 und 115, alles darunter gilt als unterdurchschnittlich, alles darüber als überdurchschnittlich. Ab 130 IQ-Punkten spricht man von Hochbegabung.
Hier sehen Sie die Verteilungskurve des IQ.

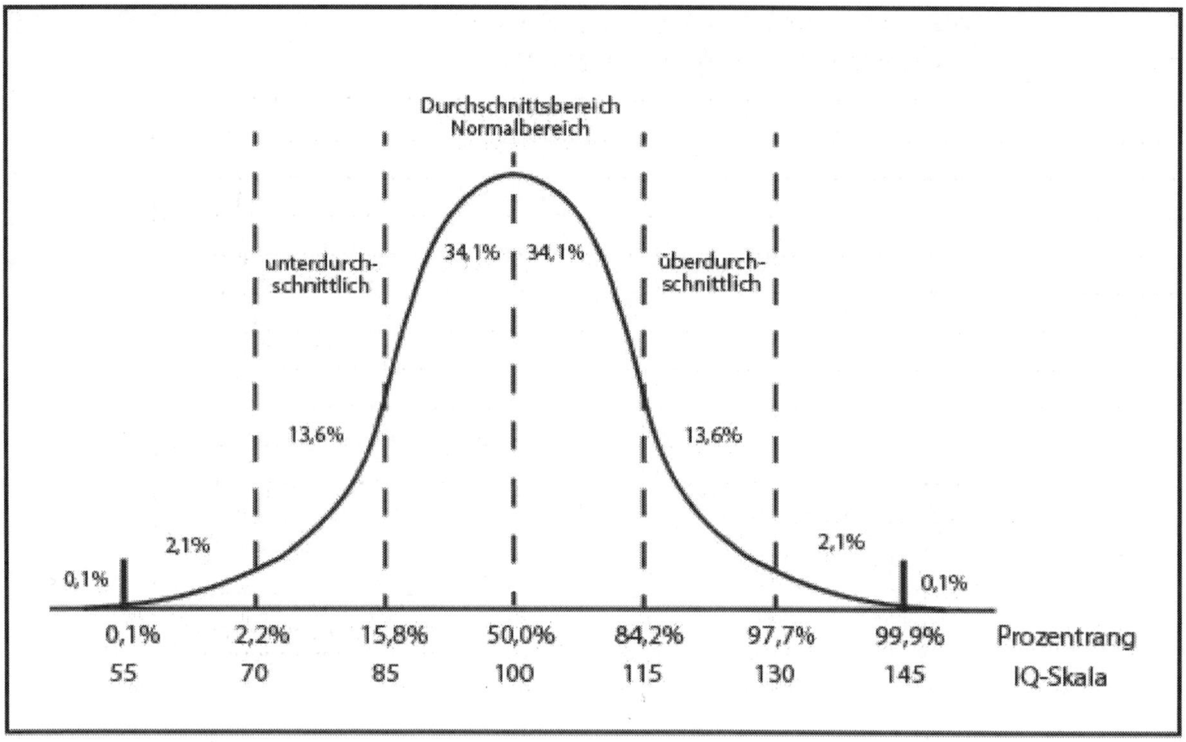

Quelle: Sekundär via www.entwicklungsdiagnostik.de aus Petermann, F. & Macha, T. (2005b). Psychologische Tests für Kinderärzte. Göttingen: Hogrefe.

Welche Aussage(n) können Sie treffen?

a) Etwas über 2/3 der Menschen haben einen IQ zwischen 85 und 115.
b) 2,2% der Menschen gelten als hochbegabt.
c) 15,8% der Menschen haben einen unterdurchschnittlichen IQ.
d) Es gibt mehr Menschen mit IQ >115 als Menschen mit IQ zwischen 70 und 85.

7. Milgram-Experiment

Stanley Milgram untersuchte in seinem berühmten Experiment den Gehorsam gegenüber Autoritäten. Hierzu mussten die Testpersonen einem anderen Teilnehmer scheinbare Stromschläge verabreichen, die in der Intensität scheinbar zunahmen. Im Vorfeld des Experiments gaben Psychologen Prognosen ab, ab welcher Stromstärke die Teilnehmer das Experiment abbrechen würden. Sowohl diese als auch die tatsächlichen Werte finden sich in der untenstehenden Grafik.

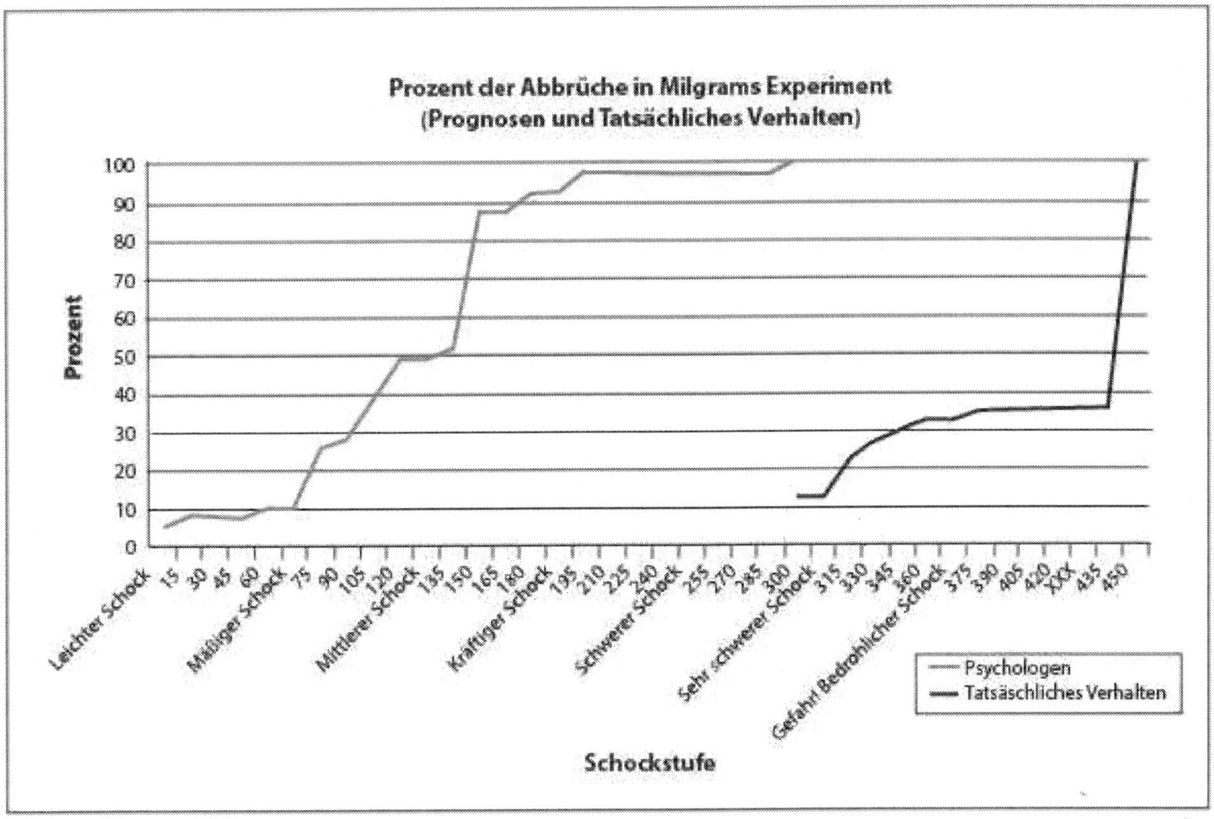

Quelle: Milgram, 1974

Was lässt sich daraus schließen?

a) Die Prognosen haben das höchste Abbruchlevel deutlich überschätzt.
b) Während die Psychologen vermuteten, dass etwa jede 2. Testperson bei mittlerer Schockstärke das Experiment abbrechen würde, war dies tatsächlich erst über dem bedrohlichen Schocklevel der Fall.
c) Der letzte Testteilnehmer brach das Experiment vor Schockstufe 300 ab.
d) Die ersten Teilnehmer brachen das Experiment gleich am Anfang ab.

8. Dropouts und Retention

Wird die Wirksamkeit von Substitutionsverfahren untersucht, so sind verschiedene Variablen von Interesse. Eine davon ist die Dropoutquote, also die Menge der Teilnehmer, die vor Abschluss der Studie die Teilnahme abbrechen. Das Gegenstück ist die Retentionsrate, also die Menge der Teilnehmer, die die Studie abschließen. Das untenstehende Diagramm zeigt die Retentionsrate von zwei Substitutionsmitteln, Buprenorphin und Methadon.

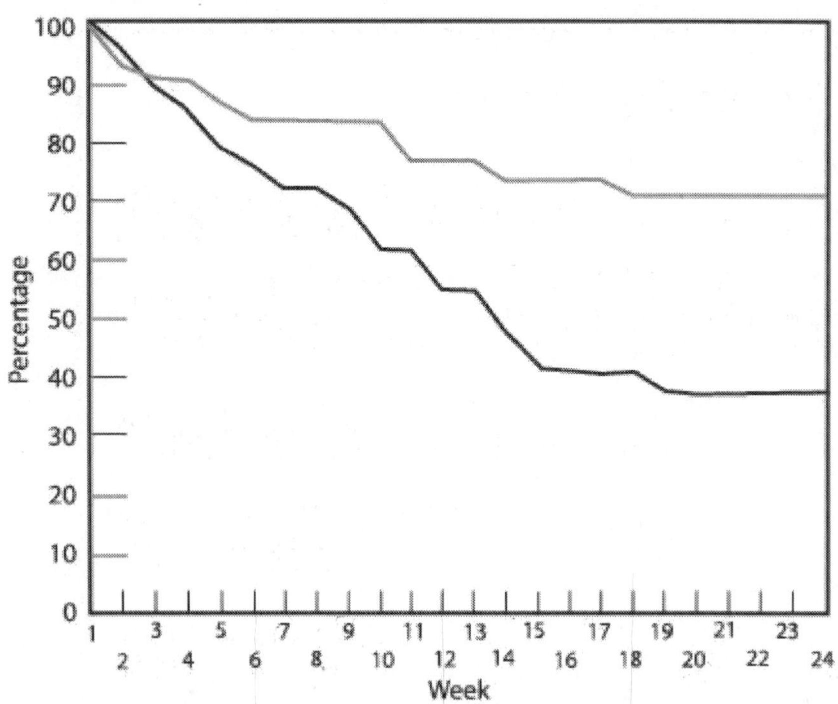

Percentage of subjects remaining in the study for each study week (retention rate), with 38% of the buprenorphine-treated group and 71% of the methadone treated group remaining at the end of the 24-week study period.

■ Buprenorphine ■ Methadone

Quelle: Fischer et al., 1999

Welche Aussage(n) können Sie treffen?

a) Bei beiden Programmen haben über die Hälfte der TeilnehmerInnen die Studie vorzeitig abgebrochen.
b) Bis Woche 3 zeigen sich nur geringe Unterschiede zwischen den beiden Retentionsraten.
c) Die Dropoutquoten fallen bei beiden Substituten kontinuierlich, bleiben aber im letzten Viertel konstant.
d) Teilnehmer, welche mit Methadon substituiert wurden, brachen deutlich seltener ab als solche, die mit Buprenorphin substituiert wurden.

9. Prävalenzen

Die Epidemiologie ist die Wissenschaft der Verbreitung von Krankheiten. Ein Teil davon ist die Prävalenz. Sie gibt an, wie viele Menschen zu einem bestimmten Zeitpunkt oder über einen bestimmten Zeitraum an einer Krankheit erkrankt sind. Die 12-Monats-Prävalenz erfasst also die Menge der Menschen, die in einem 12-Monats-Zeitraum an einer Krankheit leiden. Zusätzlich gibt eine Inzidenzrate die Neuerkrankungsrate innerhalb eines bestimmten Zeitraumes an (z.B. 12-Monats-Inzidenz). Die unten stehende Abbildung zeigt die 12-Monats-Prävalenzen der häufigsten psychischen Störungen, aufgeteilt auf die Geschlechter.

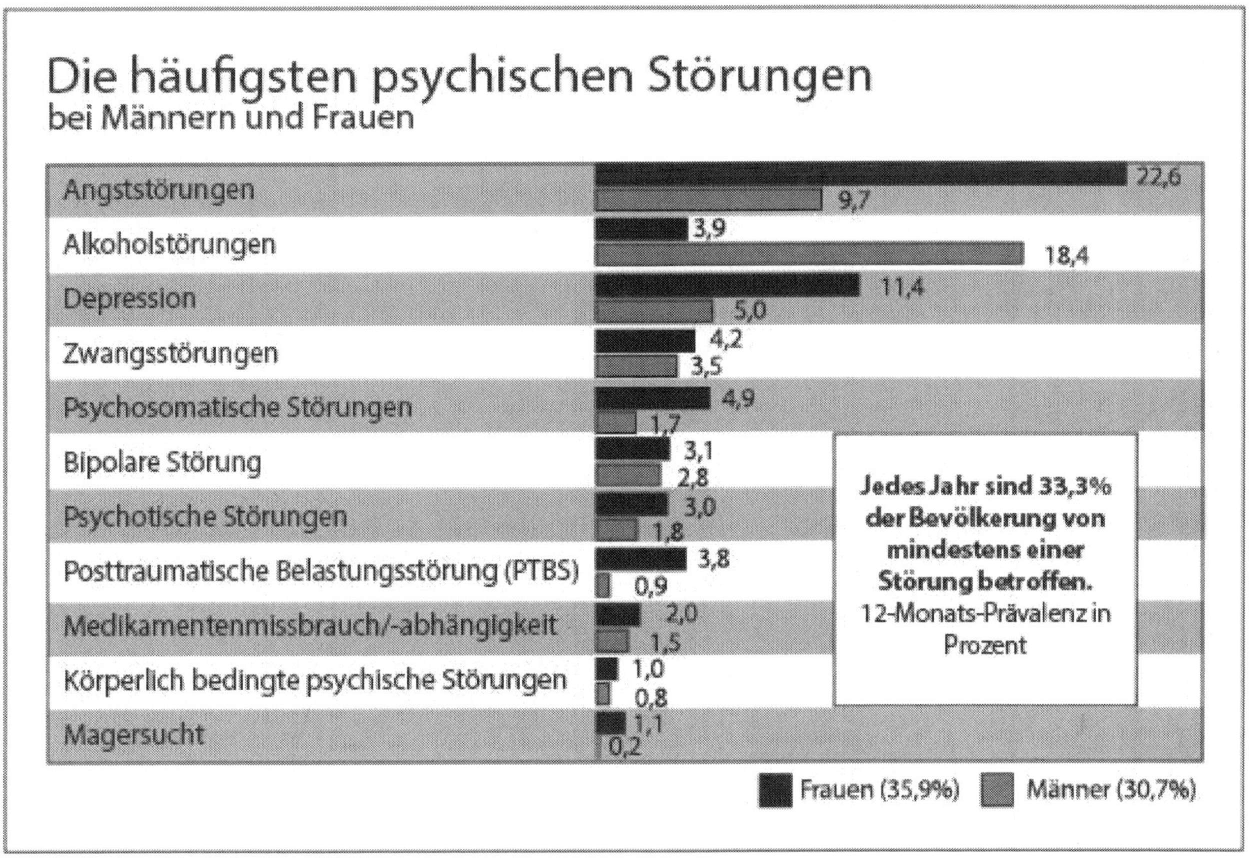

Quelle: Robert Koch Institut, 2012

Welche Aussage(n) können Sie treffen?

a) Magersucht stellt unter den häufigsten psychischen Störungen das geringste Problem dar.
b) Von Angststörungen und Depressionen sind über doppelt soviele Frauen betroffen wie Männer.
c) Innerhalb eines Jahres leiden 98,2% der Männer nicht an einer psychotischen Störung.
d) Mit Ausnahme von Alkoholstörungen tragen Frauen gegenüber Männern ein erhöhtes Risiko, an einer der angeführten Störungen zu erkranken.

10. Eigenschaften von Beamten

Die untenstehende Grafik stellt die Ergebnisse einer Studie dar, in denen Menschen befragt wurden, welche Eigenschaften sie einem Beamten zuschreiben würden.

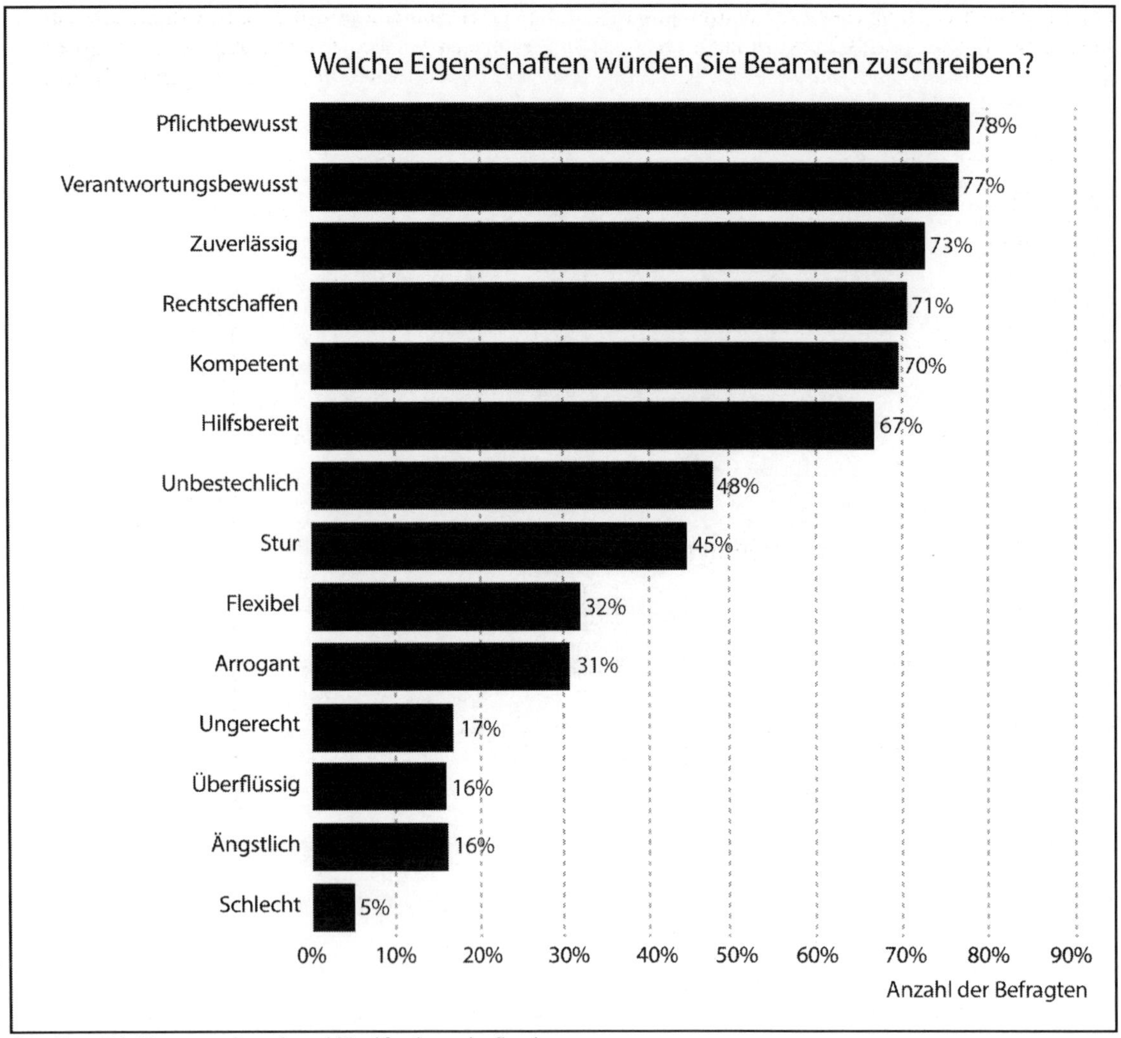

Quelle: dbb Beamtenbund und Tarifunion via Statista

Welche der folgenden Aussagen lässt/lassen sich bezüglich obiger Grafik ableiten?

a) Beamte sind zu 78% pflichtbewusst, zu 77% verantwortungsbewusst und zu 73% zuverlässig.
b) Ungefähr 2/3 der Befragten schreiben Beamten Hilfsbereitschaft zu.
c) 83% der Befragten halten Beamte für gerecht.
d) Beamte halten sich zu 70% für kompetent.

11. Body-Mass-Index

Weltweit stellt Übergewicht und insbesondere Adipositas (=Fettleibigkeit) ein Problem dar, welches durch höhere zugeführte gegenüber verbrauchter Energie zustande kommt. Eine Methode ihrer Berechnung stellt der Body-Mass-Index (BMI) dar, der sich aus dem Quotienten des Gewichtes in Kilogramm durch die quadrierte Größe in Metern ergibt. Dabei steht ein BMI unter 19 für Untergewicht, ein BMI zwischen 19-25 für Normalgewicht, ein BMI zwischen 25-30 für Übergewicht und ein BMI über 30 für Adipositas. Übergewicht und Adipositas kann von Einschränkungen wie Rückenschmerzen, Kurzatmigkeit oder erhöhtem Blutzucker bis hin zu einem Herzinfarkt, Diabetes oder Depressionen führen. Die folgende Grafik veranschaulicht die Verteilung des BMI in der österreichischen Bevölkerung.

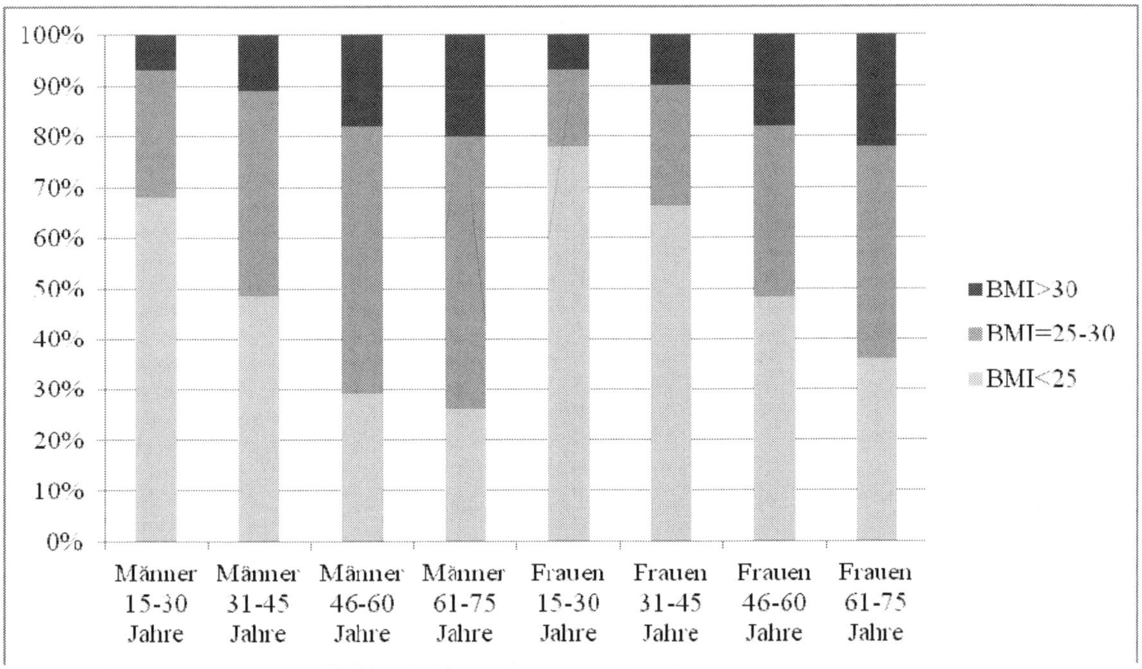

Quelle: Inhalt angelehnt an Statistik Austria

Welche Aussage(n) lässt/lassen sich aus der Grafik ableiten?

a) Der Anteil normalgewichtiger Frauen zwischen 15-75 Jahren ist größer als jener der Männer
b) Der Anteil an Personen mit einem BMI ≥25 steigt mit zunehmendem Alter an.
c) Männer zwischen 31-45 Jahren haben häufiger Übergewicht als Frauen zwischen 46-60 Jahren
d) Weniger als ein Viertel der österreichischen Gesamtbevölkerung ist adipös.

12. Mere exposure effect

Eine Vielzahl an Einstellungen, welche Menschen besitzen, ergeben sich aus ihrer direkten Erfahrung mit den Einstellungsobjekten. Direkte Erfahrung liefert uns Informationen über die Eigenschaften eines Objektes und hilft uns, Meinungen auszubilden, die uns darin beeinflussen, wie sehr wir etwas mögen bzw. nicht mögen. Auch der „mere exposure effect" bezieht sich darauf und wird in der folgenden Grafik in Hinsicht auf das Gefallen eines Liedes dargestellt.

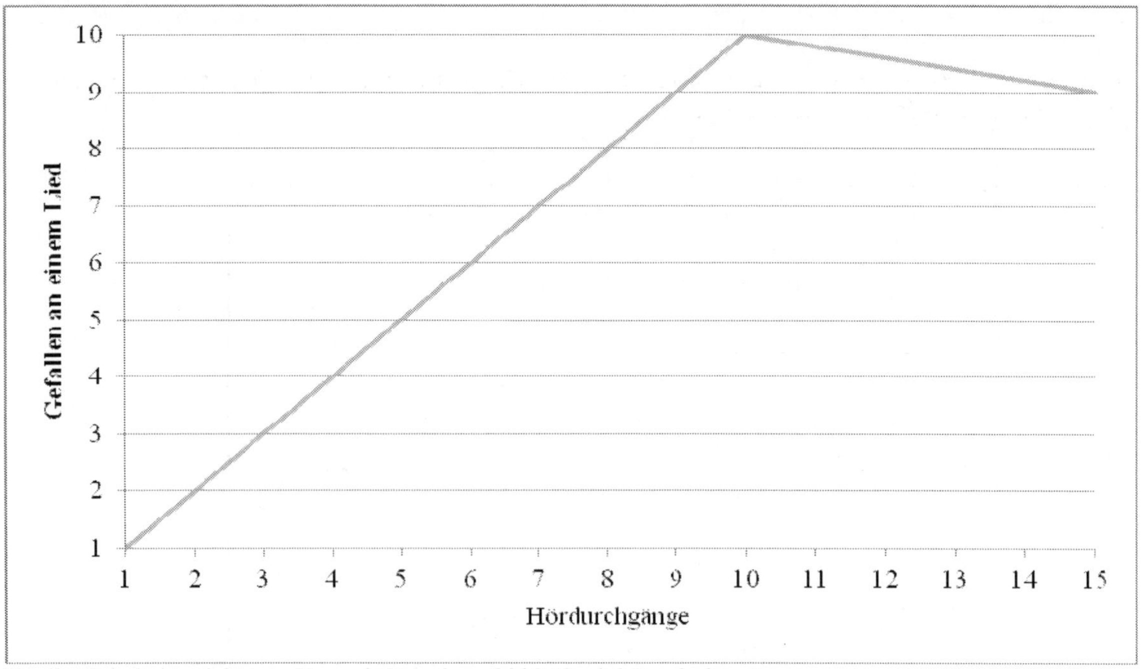

Quelle: Inhalt angelehnt an Hogg & Vaughan, 2008 (Social Psychology)

Was besagt der „mere exposure effect"?

a) Nach 10 Höreinheiten gefällt das Lied nicht mehr.
b) Je öfter ein Lied gehört wird, desto besser gefällt es.
c) Je öfter ein Lied gehört wird, desto weniger gefällt es.
d) Das Gefallen an einem Lied steigt mit vermehrtem Hören an, sinkt nach einer bestimmten Anzahl an Höreinheiten jedoch wieder ab.

13. Lernfähigkeit

Der Stroop-Test umfasst Wörter, welche Farben bezeichnen (z.B. gelb, rot,...). Obwohl die Wörter dabei in unterschiedlichen Farben dargestellt werden, sollen lediglich die Wörter der Reihe nach vorgelesen werden, ohne auf die Farbe der Wörter zu achten. Ein Teil der Wörter entspricht ihrer dargestellten Farbe (kongruent), der andere Teil der Wörter widerspricht ihrer dargestellten Farbe (inkongruent). Die Reihenfolge der kongruenten und inkongruenten Wörter wird durchgemischt präsentiert. Sowohl die Reaktionszeit als auch die Fehleranzahl zeigt sich bei inkongruenten Wörtern gegenüber kongruenten Wörtern erhöht.

Aus der Durchführung des Stroop-Tests bei einem Patienten mit erlittener Hirnschädigung ergibt sich folgende Grafik, welche die Fehleranzahl im Verhältnis zu den Lerndurchgängen darstellt.

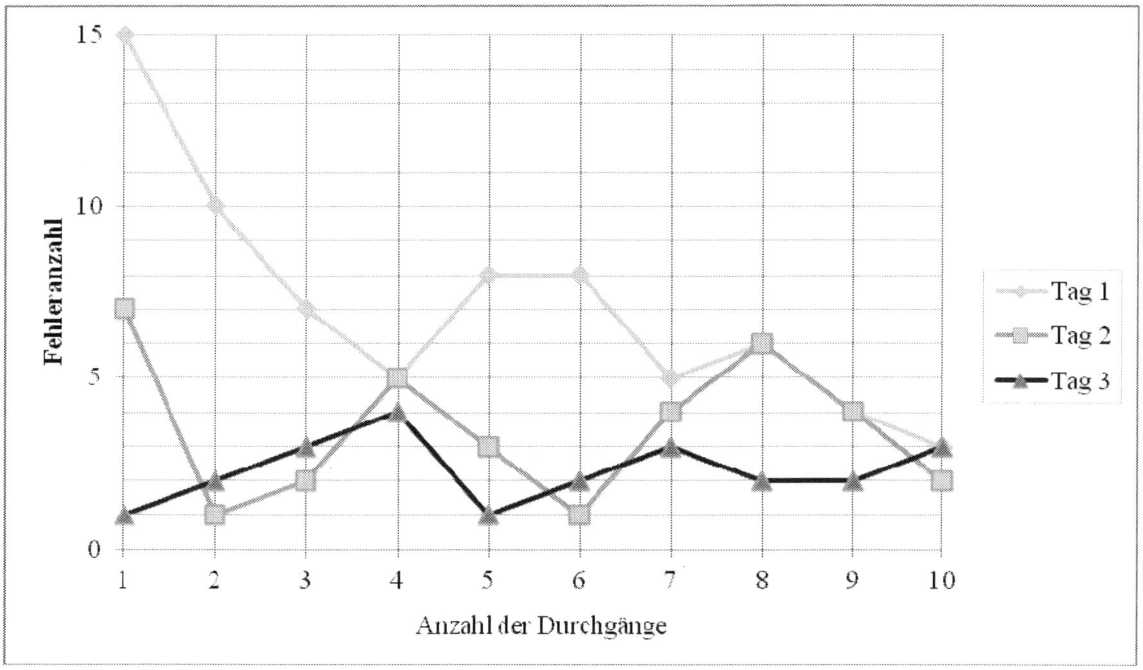

Was lässt sich über den Lernfortschritt des Patienten ableiten?

a) Die Fehleranzahl nimmt von Tag 1 zu Tag 2 ab.
b) Die Fehleranzahl nimmt von Tag 2 zu Tag 3 ab.
c) Nach Durchgang 8 ist es am Tag 2 zu einem Konzentrationseinbruch gekommen.
d) Je höher die Anzahl an Durchgängen, desto geringer die Fehleranzahl.

14. Diätprogramm

In den Medien wird viel um verschiedene Diätprogramme geworben. Sie versprechen schnelle Erfolge hinsichtlich der Gewichtsreduktion und prophezeien damit verbundenes besseres psychisches Wohlbefinden. Ein Freiwilliger testete ein vorgestelltes Diätprogramm. Seine Erfahrungen damit sind an den beiden Grafiken ablesbar. Das psychische Wohlbefinden wurde mittels eines psychologisch-diagnostischen Verfahrens erhoben und wird hier in Rohwerten angegeben.

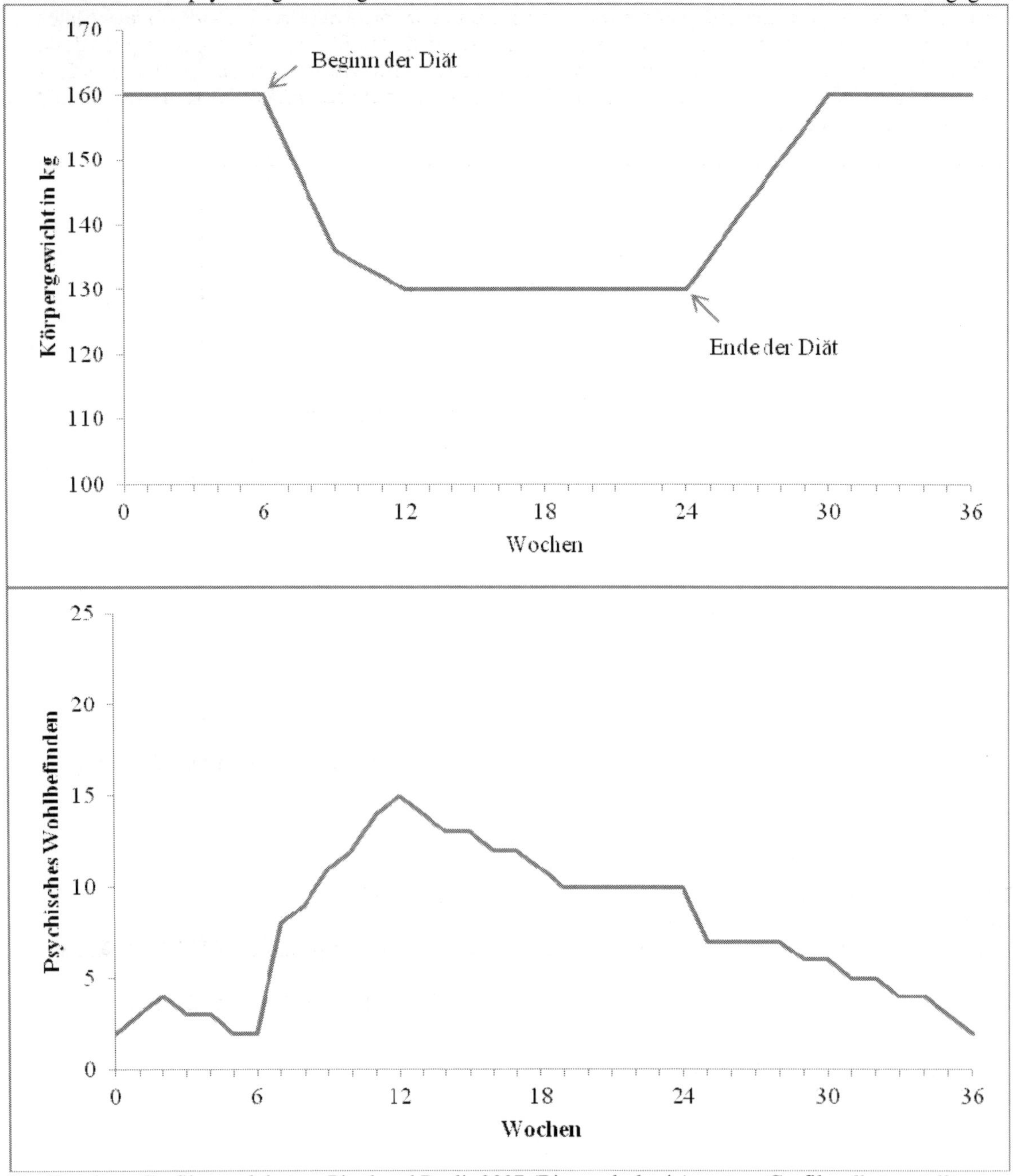

Quelle: obere Grafik angelehnt an Pinel und Pauli, 2007 (Biopsychologie); untere Grafik selbst erstellt

Was lässt sich über die Wirkung des Diätprogrammes sagen?

a) Das Diätprogramm senkt das Körpergewicht.
b) Das psychische Wohlbefinden beginnt mit der Stagnation des Körpergewichtes streng monoton zu fallen und sinkt nach Ende der Diät mit der einhergehenden Gewichtszunahme noch weiter ab.
c) Das psychische Wohlbefinden sinkt ab Ende des Diätprogramms.
d) Je schneller das Körpergewicht reduziert wird, desto stärker steigt das Psychische Wohlbefinden.

15. REM-Schlaf

Während des Schlafes werden zyklusweise verschiedene Schlafphasen durchlaufen. Der REM-Schlaf bezeichnet eines dieser Phasen. Der Begriff REM ist dabei auf die schnellen Augenbewegungen, „rapid eye movement“, zurückzuführen, welche in dieser Phase zu beobachten sind. Heutzutage ist bekannt, dass ein Großteil des Träumens dem REM-Schlaf zugeschrieben wird. Um die Funktionen des REM-Schlafes zu untersuchen, wurde schlafenden Versuchspersonen der REM-Schlaf entzogen (Deprivation). Dies geschah, indem sie zu jedem Zeitpunkt geweckt wurden, in dem die Phase des REM-Schlafes begann. Eines der daraus gewonnenen Erkenntnisse war folgendes: Je mehr REM-deprivierte Nächte aufeinander folgen, desto häufiger wird der REM-Schlaf eingeleitet. Dies hatte zur Folge, dass die Versuchspersonen mit steigender Anzahl an REM-deprivierten Nächten häufiger geweckt werden mussten um die REM-Schlafphase zu verhindern. Die folgende Grafik stellt weitere Erkenntnisse über den REM-Schlaf dar.

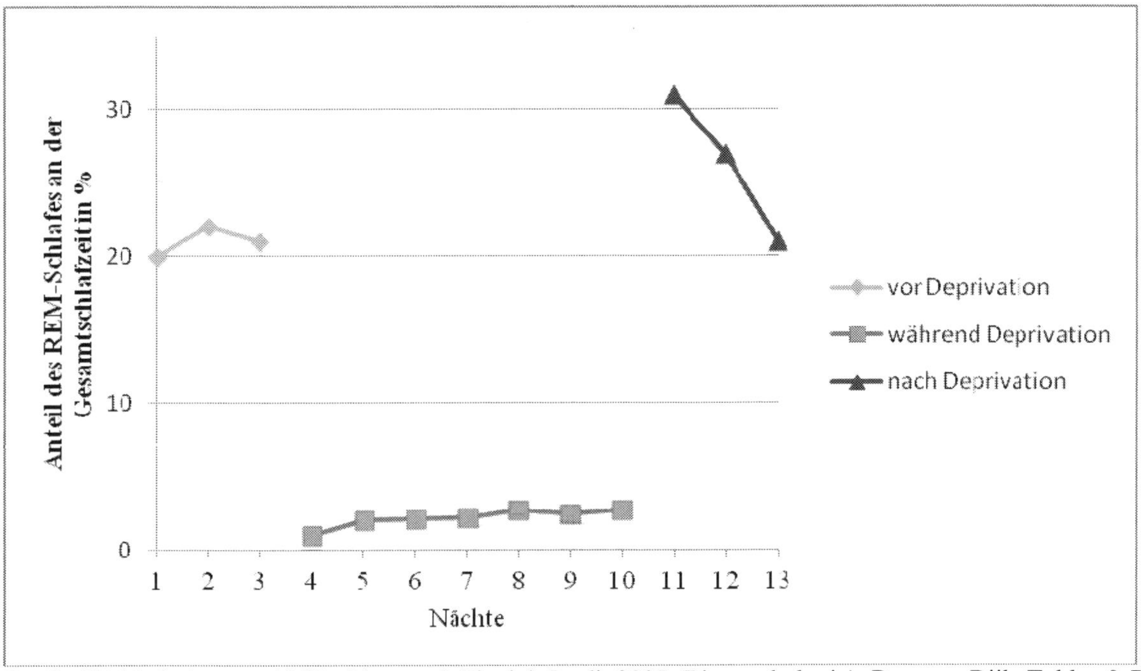

Quelle: Webb & Agnew, 1967, zitiert nach Pinel & Pauli, 2007 (Biopsychologie); Brunner, Dijk, Tobler & Borbély, 1990, zitiert nach Pinel & Pauli, 2007

Welche Erkenntnisse über den REM-Schlaf können anhand der Grafik abgeleitet werden?

a) Der reguläre Schlafanteil des REM-Schlafes an der Gesamtschlafzeit liegt zwischen 20-25%.
b) Der REM-Schlaf kann nicht gänzlich verhindert werden.
c) Im Anschluss an die Deprivation kommt es in den ersten beiden Nächten zu einem größeren Anteil des REM-Schlafes als vor der Deprivation.
d) In der dritten Nacht nach der Deprivation nähert sich der Anteil des REM-Schlafes wieder dem Ausgangsniveau an.

16. Innere Sprache

Die richtige Wiedererkennung von Reizen ist von der Benennbarkeit der Reize abhängig. Einen großen Teil trägt die innere Sprache dazu bei. Diese dient nicht der verbalen Kommunikation, sondern stellt eine sprachliche Form des Denkens dar. Bei der Ausführung von Tätigkeiten führt die innere Sprache zu einer besseren Leistung. In diesem Zusammenhang zeigt sich folgendes: Bei der Eingabe von Datenfolgen in eine Maschine ist die Leistungsgüte, welche sich aus Fehlerhäufigkeit und Eingabezeit zusammensetzt, bei nicht benennbarem Material herabgesetzt.

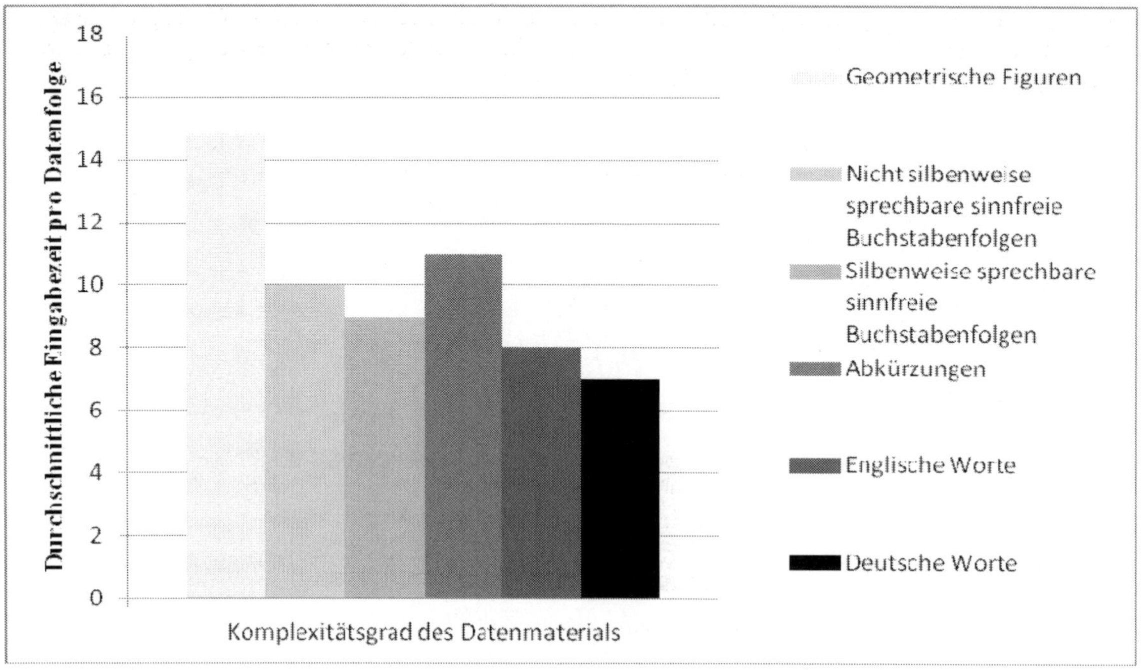

Quelle: Matern, 1971, zitiert nach Kirchler, 2007; Hacker, 1980, zitiert nach Kirchler, 2008 (Arbeits- und Organisationspsychologie)

Welche Aussage(n) lässt/lassen sich dem Diagramm entnehmen?

a) Abkürzungen sind komplexer einzustufen als silbenweise sprechbare sinnfreie Buchstabenfolgen
b) Die Leistungsgüte ist für Deutsche Worte am höchsten.
c) Für Geometrische Figuren ist die Eingabezeit am höchsten.
d) Wörter sind unter dem angeführten Datenmaterial am schnellsten zu erkennen.

17. Flow-Modell

Csikszentmihalyi postulierte 1975 den „Flow-Effekt“, worunter das vollständige Aufgehen in einer Tätigkeit verstanden wird. Der Fokus liegt hier ganz bei der Tätigkeit und lenkt von der Person ab. Dies trifft beispielsweise auf Computerfreaks, Künstler oder Sportler zu. Ein Flow entsteht durch das Zusammenspiel des Erlebens einer Tätigkeit als Herausforderung mit dem Erleben der eigenen Fähigkeiten als der Herausforderung entsprechend. Für die Arbeitspsychologie wurde der Flow-Effekt ausgeweitet und soll optimale Beanspruchung darstellen. Aufgrund der Erkenntnis über die Wichtigkeit einer optimalen Beanspruchung während der Arbeitszeit, fordert die Arbeits- und Organisationspsychologie eine psychologisch angemessene Arbeitsgestaltung. Die Grafik bildet die optimale Beanspruchung ab.

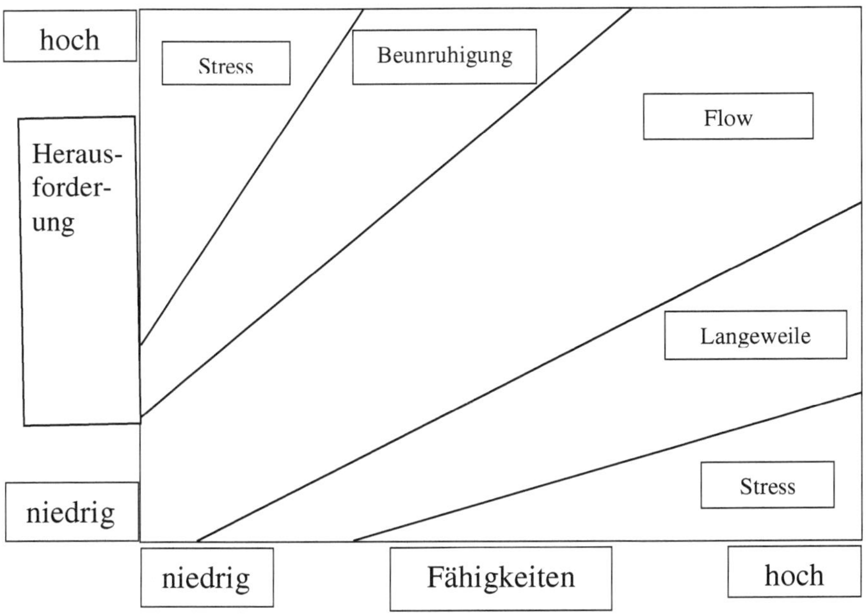

Quelle: Csikszentmihaly, 1975, zitiert nach Kirchler, 2008 (Arbeits- und Organisationspsychologie)

Was lässt sich von der Grafik ableiten?

a) Stress entsteht, wenn die Herausforderung hoch und die Fähigkeiten niedrig sind.
b) Flow entsteht, wenn die Herausforderung niedrig und die Fähigkeiten niedrig sind.
c) Stress entsteht, wenn die Herausforderung niedrig und die Fähigkeiten hoch sind.
d) Flow entsteht, wenn die Herausforderung hoch und die Fähigkeiten hoch sind.

18. Intellektuelle Reaktionsbreite

Entwicklung wird heutzutage als dynamisches Wechselspiel zwischen Vererbung und Umwelt angesehen. Verschiedene Konzepte bieten Erklärungen für jenes Wechselspiel. Zu diesen gehört das Konzept des Reaktionsspielraums bzw. die Plastizität, womit die bei jedem Individuum festgelegte Breite der Reaktionsmöglichkeiten auf die Umwelt verstanden wird. Die Grafik stellt beispielhaft die Erforschung des Reaktionsspielraums dar, indem die intellektuelle Reaktionsbreite (RB) von drei Kindern in einer Umwelt angezeigt wird, welche von extrem wenig anregend bis höchst anregend variiert.

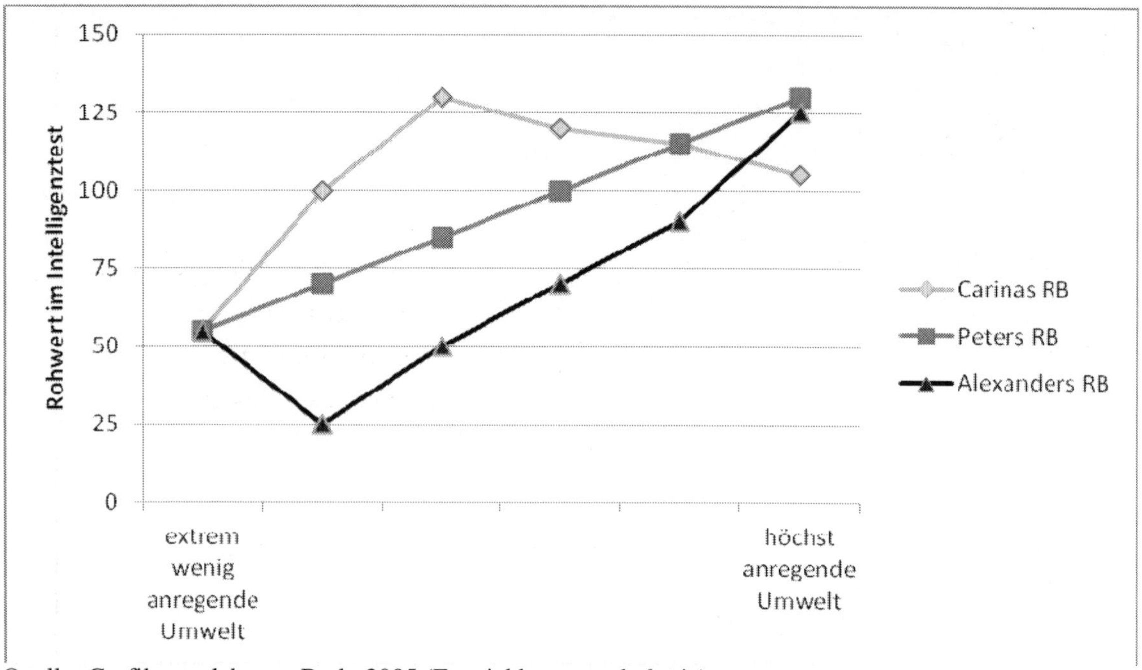

Quelle: Grafik angelehnt an Berk, 2005 (Entwicklungspsychologie)

Welche Aussage(n) lässt/lassen sich aus der Grafik ableiten?

a) Die Kinder reagieren im Intelligenztest auf unterschiedliche Umwelten auf gleiche Art und Weise.
b) Je anregender die Umwelt, desto bessere Rohwerte im Intelligenztest werden erreicht.
c) Eine anregende Umwelt kann sich im Intelligenztest auf den IQ kontraproduktiv auswirken.
d) Je nach Person wird auf die Umwelt im Intelligenztest unterschiedlich reagiert.

19. Entwicklung von Trennungsangst

Nach Bowlby ist die Bindungsphase zwischen dem 6.-8. Monat bis zum 18. Monat bzw. 2. Lebensjahr angesiedelt. Zu dieser Zeit ist die Bindung zwischen dem Kind und der Bezugsperson deutlich wahrnehmbar. Sobald die Bezugsperson den Raum verlässt, wird das Kind unruhig, da Trennungsangst eintritt. Diese setzt in der 2. Hälfte des 1.Lebensjahres ein und ist in verschiedenen Kulturen auf der ganzen Welt zu beobachten. In diesem Kontext zeigt die folgende Grafik auf verschiedene Kulturen bezogen, wie viel Prozent der Kinder weinen, nachdem die Mutter den Raum verlässt.

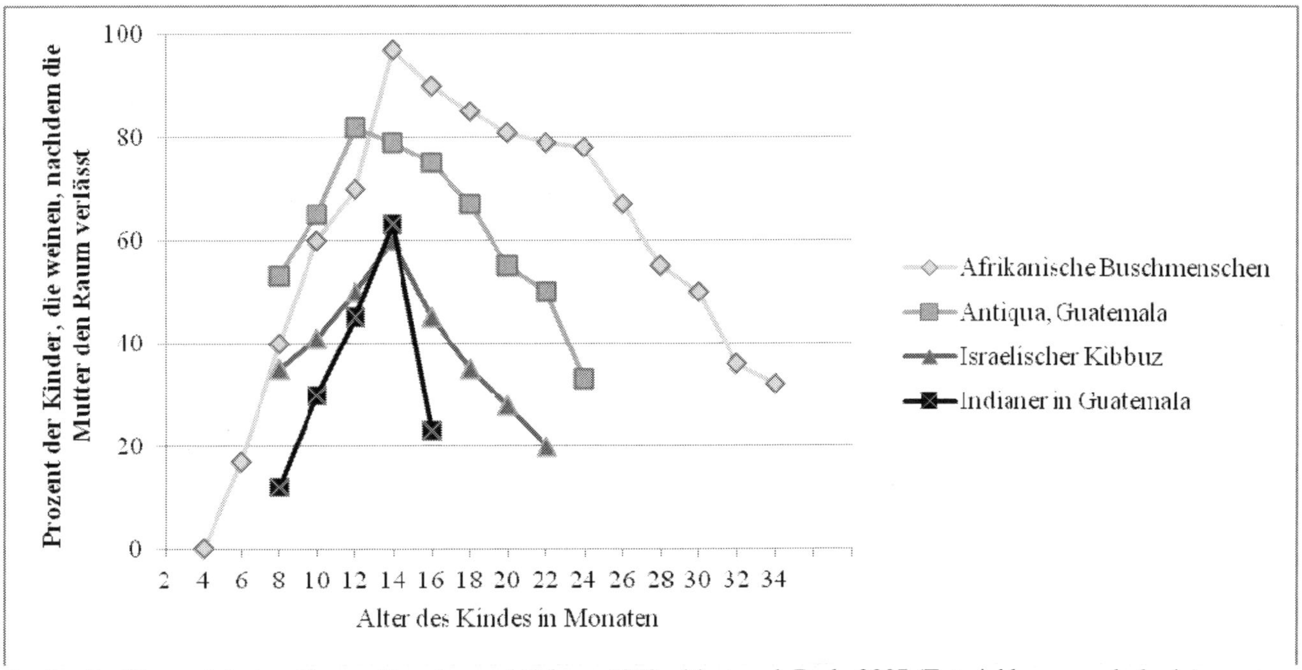

Quelle: Grafik angelehnt an Kagan, Kearsley und Zelazo, 1978, zitiert nach Berk, 2007 (Entwicklungspsychologie)

Welche Aussage(n) lässt/lassen sich aus der Grafik ableiten?

a) Die meisten Kinder aus Antigua, Guatemala weinen mit einem Alter von einem Jahr, wenn die Mutter den Raum verlässt.
b) Im Israelischen Kibbuz liegt die Wahrscheinlichkeit dafür, dass ein Kind im Alter von 10 Monaten wiederholt weint, wenn die Mutter den Raum verlässt, bei 40 %.
c) Ab dem 14. bis zum 34. Monat nimmt die Anzahl an Kindern, die weinen, nachdem die Mutter den Raum verlässt, stetig ab.
d) Kinder afrikanischer Buschmenschen tendieren unter den angegebenen Kulturen am stärksten zu weinen, wenn die Mutter den Raum verlässt.

20. Arbeitsunfähigkeitsfälle &-tage

Psychische Erkrankungen nehmen in unserer Gesellschaft eine immer bedeutendere Rolle ein. Dies spiegelt sich auch im Arbeitsleben wieder, wobei hierbei ein Hauptaugenmerk auf Arbeitsunfähigkeit und Arbeitsausfälle und deren Gründe liegt. Die folgende Grafik zeigt die Entwicklung von Arbeitsunfähigkeitsfällen und –tagen aufgrund psychischer Erkrankungen in Deutschland in den Jahren 2002 bis 2013 auf. Als Index wurde dafür das Jahr 2002 verwendet, welches somit den Ausgangswert 100% erhält.

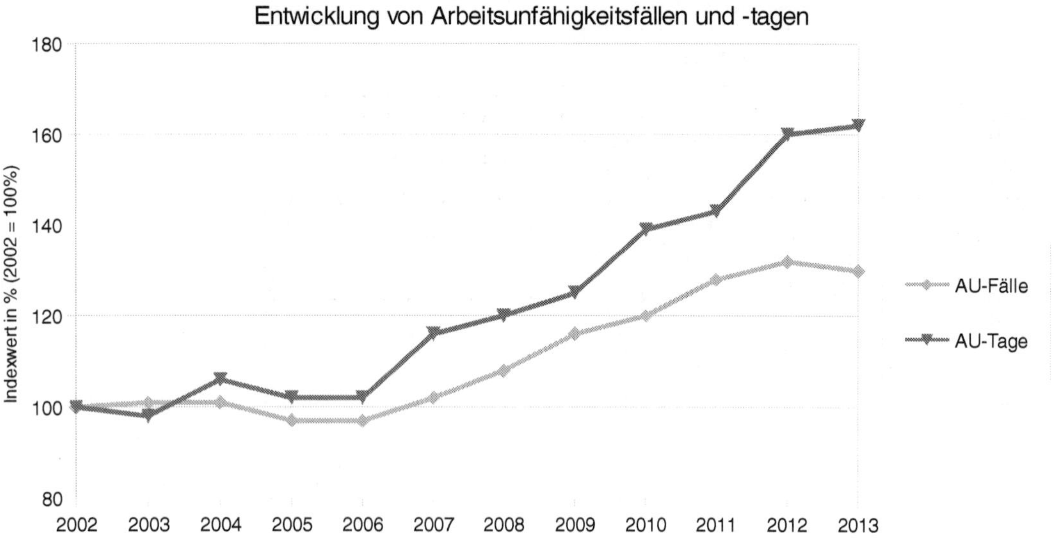

Quelle: Statista 2015 – Arbeitsunfähigkeit aufgrund psychischer Erkrankungen

Welche der folgenden Aussagen lässt/lassen sich aus der Grafik ableiten?

a) In den Jahren 2003 und 2004 zeigte sich kaum eine Veränderung, was die Arbeitsunfähigkeitsfälle betrifft.
b) Ab 2006 erhöhten sich sowohl die Arbeitsunfähigkeitsfälle als auch die Arbeitsunfähigkeitstage in jedem Jahr stetig.
c) In Relation zum Ausgangsjahr zeigten sich in den Jahren 2005-2007 bezüglich Arbeitsunfähigkeitsfälle stets niedrigere Werte.
d) Relativ gesehen, stiegen die Werte der Arbeitsunfähigkeitstage am meisten zwischen den Jahren 2006 und 2007, 2009 und 2010 sowie 2011 und 2012 an.

21. Veränderung der Hauptdiagnosen stationärer PatientInnen

Das folgende Diagramm zeigt die Anzahl der PatientInnen auf einer psychiatrischen Station eines Wiener Krankenhauses in den Jahren 2007 und 2014, gegliedert nach ihrer Hauptdiagnose sowie nach ihrem Geschlecht.

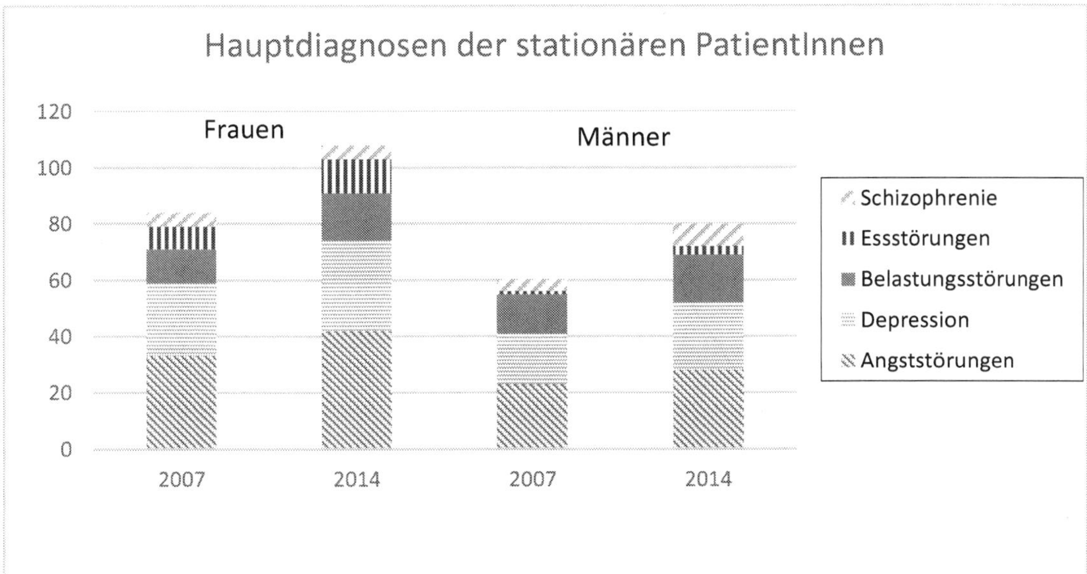

Welche der folgenden Aussagen lässt/lassen sich aus dem Diagramm ableiten?

a) Die Anzahl der weiblichen Patientinnen mit der Diagnose Schizophrenie ist in den Jahren 2007 und 2014 weitgehend gleich geblieben.
b) Relativ gesehen ist die Gesamtanzahl an weiblichen Patientinnen stärker gestiegen als die Gesamtanzahl an männlichen.
c) Die Gesamtzahl der männlichen Patienten mit Depression hat zwischen 2007 und 2014 zugenommen.
d) Die Anzahl der weiblichen Patientinnen mit Essstörungen hat in jedem Jahr zwischen 2007 und 2014 stetig zugenommen.

22. Wirkungsverlauf von Psychopharmaka

Ein Pharmaunternehmen hat 4 verschiedene neue Psychopharmaka entwickelt und steht davor, diese auf den Markt zu bringen. Die Medikamente unterscheiden sich grundsätzlich in der Stärke und Zeit ihrer Wirkung. So beginnen manche Medikamente beispielsweise schnell und stark zu wirken, während die Dauer der Wirkung auch schnell wieder verblasst.
Da sich diese neu entwickelten Medikamente grundlegend von dem Wirkmechanismus bisher etablierter Medikamente unterscheiden, wollen die Mitarbeiter des Unternehmens die einzelnen neuen Psychopharmaka auf die Art der Stärke sowie der zeitlichen Charakteristik ihrer Wirkungsweise testen.
Ein Mitarbeiter hat dabei versehentlich die Diagramme des Wirkungsverlaufes der 4 Medikamente sowie der Beschreibung ihres jeweiligen Wirkungs-Charakteristikums vermischt und bittet Sie nun darum, die einzelnen Diagramme den richtigen Beschreibungen wieder zuzuordnen.
In den unten angeführten Diagrammen werden das unterschiedliche Ausmaß der Wirkung und der Zeit der vier neuen Psychopharmaka dargestellt, darunter finden Sie jeweils kurze Beschreibungen der Wirkungsweise (I–IV) der 4 Medikamente.
Die x-Achse des Diagramms signalisiert dabei die verstrichene Zeit nach Einnahme des Medikaments, die y-Achse die Stärke der Wirkung des Medikamentes zu dem jeweiligen Zeitpunkt.

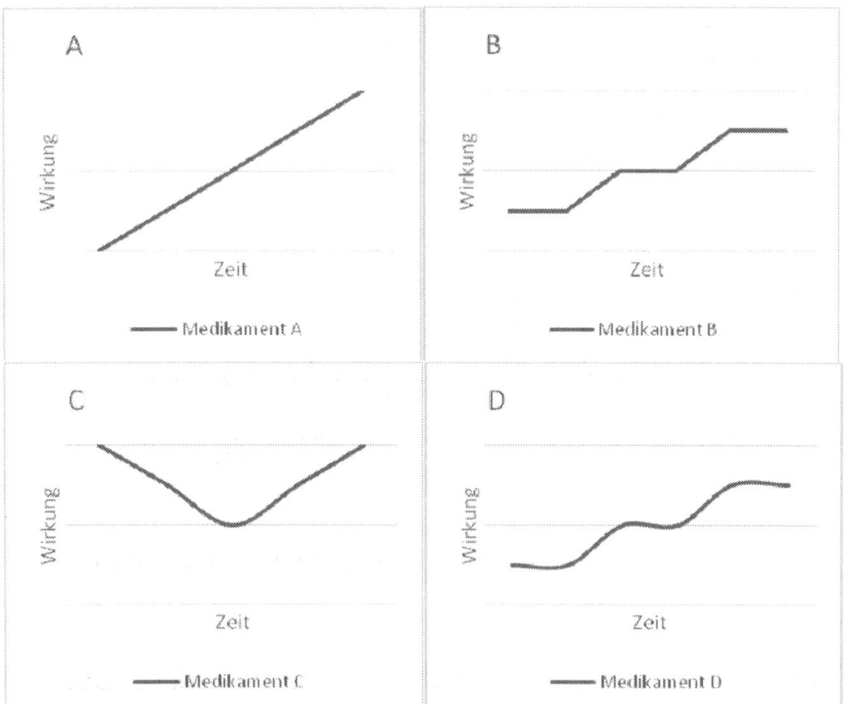

I) Bei diesem Medikament setzt die volle Wirkung abrupt nach Einnahme ein und flacht mit der Zeit etwas ab. Nach einiger Zeit verstärkt sich die Wirkung wieder und erreicht wieder das Ausmaß wie zu Beginn nach Einnahme des Medikamentes.
II) Bei diesem Arzneimittel entfaltet sich die volle Wirkung erst mit der Zeit. Typisch beim Wirkungsverlauf ist der Umstand, dass die Stärke der Wirkung zwar insgesamt kontinuierlich ansteigt, jedoch zwischendurch der Effekt des Präparats auch etwas abnehmen kann, um dann wieder stärker anzusteigen.
III) Dieses Medikament ist durch eine stetig, mit der Zeit ansteigende Wirkung der Inhaltsstoffe gekennzeichnet.
IV) Für dieses Präparat ist typisch, dass sich die volle Wirkung der Inhaltsstoffe erst mit der Zeit ausbreitet. Zwischendurch verweilt der Effekt des Medikamentes für einige Zeit in einem ungefähr gleich bleibenden Ausmaß. Nach einigen Minuten dieses Stadiums erhöht sich das Wirkungsausmaß der Medikamenteninhalte wieder. Dieser „Rhythmus“ kommt während des Wirkungsverlaufes des Präparats öfters vor.

Bitte ordnen Sie den Diagrammen jeweils die passende Beschreibung der Wirkungsweise des Medikaments zu!
a) A-IV, B-III, C-II, D-I
b) A-I, B-II, C-IV, D-III
c) A-III, B-II, C-I, D-IV
d) A-III, B-IV, C-I, D-II

23. Intelligenzquotient und Normalverteilung

Der Intelligenzquotient ist eine Kenngröße zur Bewertung des intellektuellen Leistungsvermögens (bzw. der allgemeinen Intelligenz) oder in bestimmten Leistungsbereichen (z.B. Faktoren der Intelligenz). Er wird gewöhnlich mit einem Intelligenztest ermittelt, dessen Ergebnis mit dem von anderen Personen verglichen wird. Der Intelligenzquotient dient somit in erster Linie dazu, Intelligenzfaktoren zwischen verschiedenen Personen einheitlich mess- und vergleichbar zu machen.

Wenn man Werte einer Variablen (in diesem Falle IQ) bei einer großen Zahl an Personen erhebt, folgen die so erhaltenen Zahlen oft einer Verteilung ähnlich der in der unten befindlichen Grafik. Diese Art von Verteilung wird als Normalverteilung oder Gauß'sche Kurve bezeichnet.
Die Kurve signalisiert die Skala des IQ sowie die Prozente, die der jeweilige Bereich der Skala einnimmt. Ein durchschnittlicher IQ befindet sich dabei im Bereich zwischen 85 und 115 – Werte unter 85 werden als unterdurchschnittlich, Werte über 115 als überdurchschnittlich betrachtet. Ab einem IQ von 130 spricht man von Hochbegabung, bei einem IQ unter 70 von Minderbegabung (Formen der „geistigen Behinderung" fallen in dieses niedrige Intelligenzsegment).

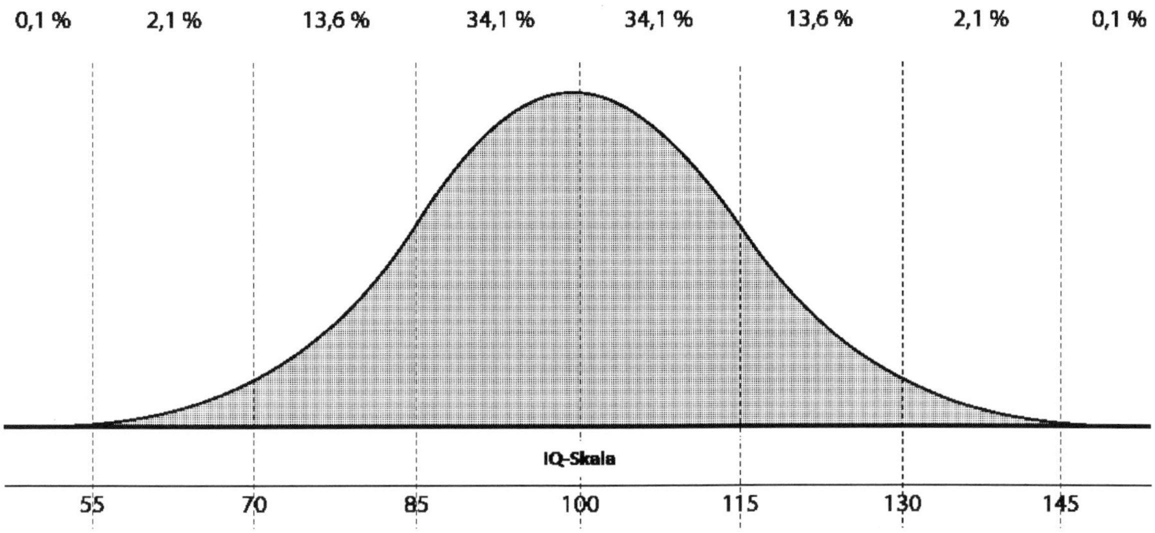

Quelle: OSA, Aufgaben - Diagnostik

Bitte betrachten Sie die Grafik sorgfältig und entscheiden Sie, welche der untenstehenden Aussagen Sie aus dieser ableiten können!

a) Statistisch gesehen gelten von 1000 Personen 22 als hochbegabt.
b) Die Bereiche für Hochbegabung und Minderbegabung nehmen in der Kurve einen gleich großen Bereich ein. Dieser umfasst jeweils 2.11%.
c) 15.8% der Bevölkerung haben einen IQ > 115.
d) Es ist wahrscheinlicher, zufällig eine Person mit dem IQ von 122 zu finden als eine Person mit dem IQ von 72.

24. Streudiagramme und Zusammenhänge interpretieren

Eine Korrelation beschreibt in der Statistik einen Zusammenhang zwischen zwei Variablen X und Y. Eine Korrelation kann dabei entweder positiv (z.B.: bei hohen Werten in der Variable X bestehen auch hohe Werte in der Variable Y) oder negativ (z.B.: bei hohen Werten in der Variable X bestehen niedrige Werte in der Variable Y) sein.

Ein Zusammenhang zwischen zwei Variablen lässt sich ansehnlich mit Darstellungen sogenannter Punktwolken oder Streudiagrammen veranschaulichen, wobei ein Punkt im Diagramm dabei einem Datensatz der Variable X (auf der x-Achse) sowie der Variable Y (auf der y-Achse) entspricht.

Die Stärke eines Zusammenhangs erkennt man daran, wie nah die Punkte beieinander liegen und wie sehr sie eine gemeinsame Linie zu bilden scheinen: Man unterscheidet dabei zwischen einem starken Zusammenhang (man erkennt eindeutig die durch die einzelnen Punkte geformte Linie), einem mittleren sowie einem geringen (die Punkte streuen sehr breit).

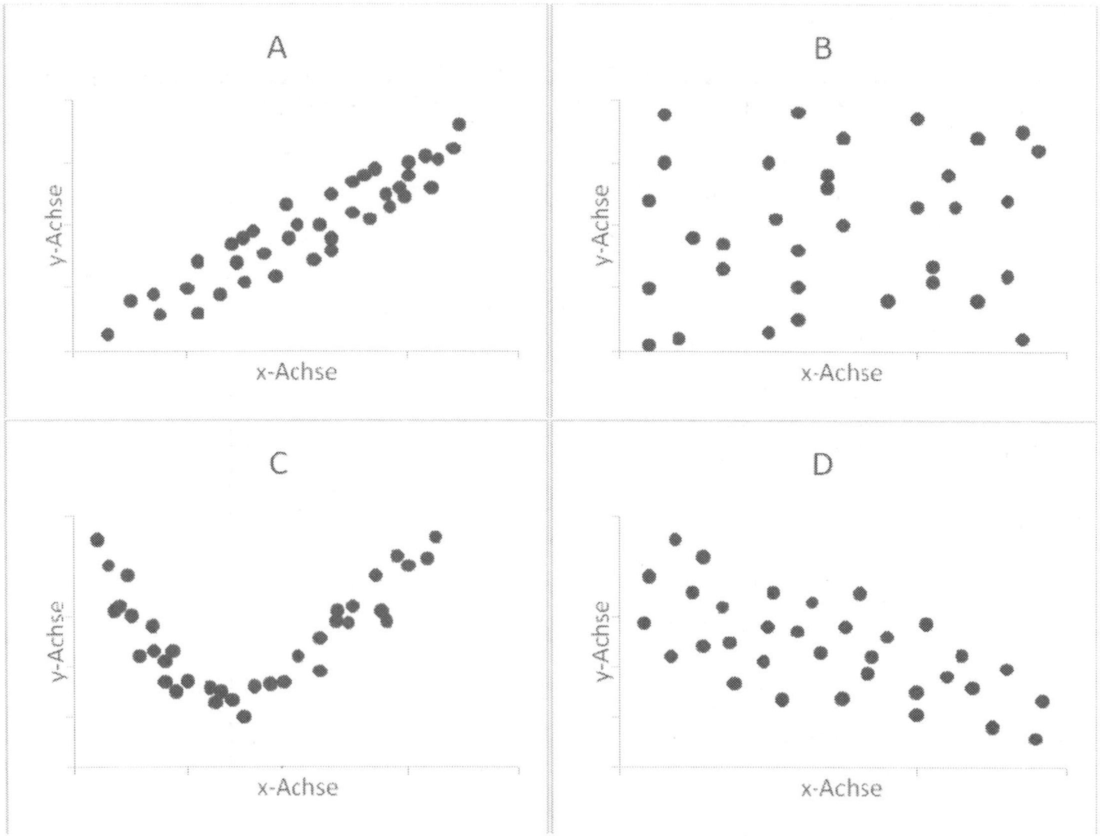

Bitte vergleichen Sie die abgebildeten Streudiagramme und bewerten Sie, welche der folgenden Aussagen zutrifft/zutreffen!

a) Bei Diagramm D besteht ein negativer Zusammenhang: Je größer die Werte auf der x-Achse, desto größer sind die Werte auf der y-Achse.
b) Die Diagramme A, C und D signalisieren jeweils einen bestehenden statistischen Zusammenhang.
c) Bei Diagramm C wird ein positiver Zusammenhang veranschaulicht: Je größer die Werte auf der x-Achse, desto größer sind die Werte auf der y-Achse.
d) Während bei Diagramm A ein positiver statistischer Zusammenhang besteht, besteht bei Diagramm D ein negativer statistischer Zusammenhang. Bei Diagramm B besteht hingegen kein statistischer Zusammenhang.

25. Experiment zur Auswirkung von Koffein auf das Konzentrationsvermögen

In empirischen Wissenschaften ist die Unterscheidung zwischen unabhängigen und abhängigen Variablen von Bedeutung: In einem wissenschaftlichen Experiment wird eine willkürlich veränderliche Stellgröße, die unabhängige oder exogene Variable, vom Versuchsleiter gezielt geändert und die Auswirkungen dieser Manipulation auf eine Messgröße, die abhängige oder endogene Variable, gemessen. Entsprechen die Messdaten den von einer Theorie vorhergesagten Zahlen, stützt dies die Aussagenkraft der Theorie.

In einem Experiment soll die Auswirkung von Koffein auf das Konzentrationsvermögen der teilnehmenden Personen überprüft werden: Dazu werden die TeilnehmerInnen in zwei verschiedene Gruppen eingeteilt (unabhängige Variable), wobei die erste Gruppe koffeinhaltigen Kaffee zu trinken bekommt, die zweite Gruppe hingegen koffeinfreien Kaffee. Das jeweilige Getränk wird jeweils eine Stunde vor den Untersuchungen konsumiert. Die Konzentrationsfähigkeit wird dadurch überprüft, indem die TeilnehmerInnen jeweils morgens, nachmittags und abends innerhalb 30 Sekunden vorgesprochene Wörter niederschreiben sollen. 30 Minuten danach sollen sie sich an die niedergeschriebenen Wörter erinnern und diese frei aus ihrem Gedächtnis erneut niederschreiben. Die Leistungsfähigkeit der erneut richtig niedergeschriebenen Wörter entspricht hierbei der abhängigen Variablen der Untersuchung.

Bitte betrachten Sie die in Folge des Experiments aufgestellten Grafiken über die durchschnittlichen Ergebnisse der TeilnehmerInnen des Experiments und deuten Sie die darunter stehenden Aussagen nach ihrer Gültigkeit!

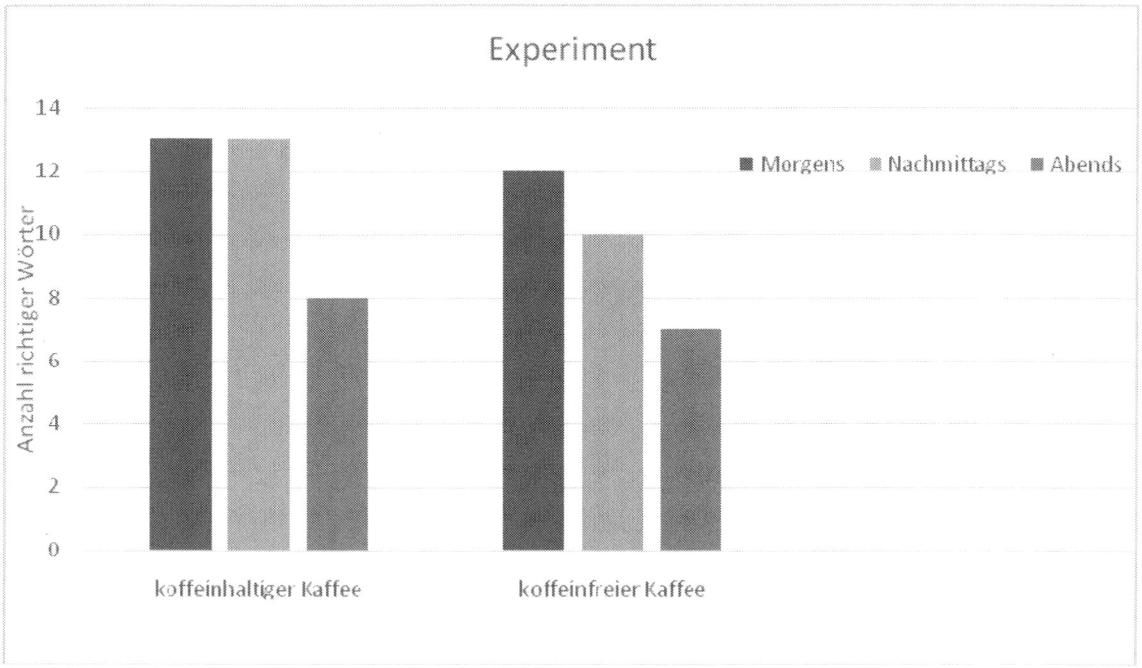

Graphik in Anlehnung an Gerrig&Zimbardo (2007)

a) Die TeilnehmerInnen, die koffeinhaltigen Kaffee tranken, schnitten beim Experiment im Vergleich zur Gruppe „koffeinfreier Kaffee" im jeweiligen Tageszeitenvergleich besser ab.
b) Bezüglich der unabhängigen Variablen der Anzahl richtig niedergeschriebener Wörter erzielten die TeilnehmerInnen in beiden Gruppen zu der Abends-Zeit die schlechtesten Resultate.
c) Laut den Ergebnissen der Untersuchung ist einzig allein die Tageszeit für ein gutes oder schlechtes Abschneiden bei der Testung verantwortlich.
d) Alle TeilnehmerInnen der Gruppe „koffeinhaltiger Kaffee" schnitten besser ab als die TeilnehmerInnen der Gruppe „koffeinfreier Kaffee".

26. Bedeutung von Aspekten der Arbeit

Sie arbeiten als Wirtschaftspsychologe in einem großen Unternehmen, das zurzeit stark am Expandieren ist. Zu diesem Zweck kommt es zur Einstellung von neuen Mitarbeitern. Während des Prozesses der Selektion der neuen Mitarbeiter wird erhoben, welche Aspekte der Arbeit für die einzelnen Personen von Bedeutung sind. Dazu wurden zu den zwei Erhebungsterminen am 01.05.2014 und am 01.04.2015 von jeweils 100 Personen der jeweils genannte subjektiv wichtigste Aspekt notiert und hinterher in die unten angeführten Diagramme augenscheinlich verdeutlicht.

01.05.2014

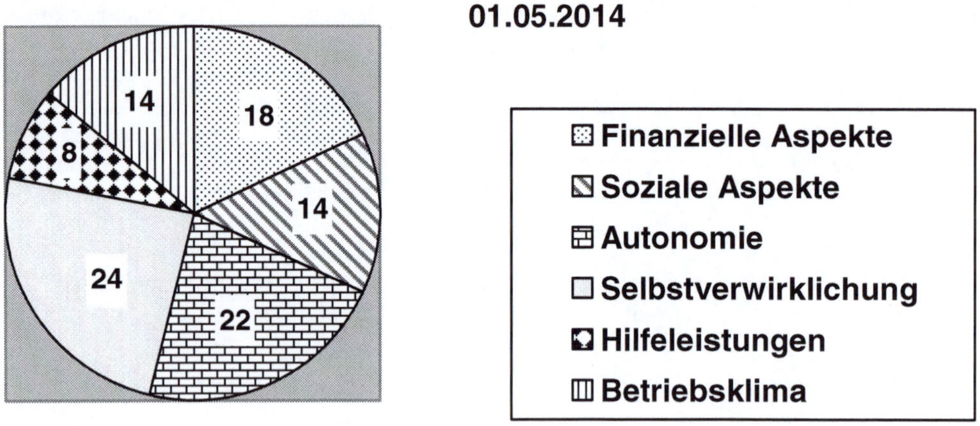

01.04.2014

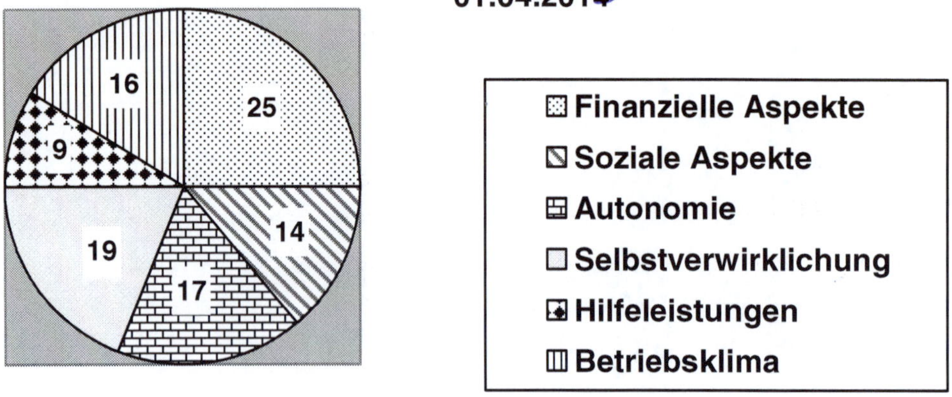

(„Finanzielle Aspekte" betreffen dabei vor allem das Einkommen sowie die finanziellen Möglichkeiten, die sich durch Annahme des neuen Berufes ergeben können. „Soziale Aspekte" stellen zum Beispiel Ansehen und Achtung im Freundeskreis wegen der Bedeutung der Stelle innerhalb der Arbeit dar. „Autonomie" enthält beispielsweise, wie weit die Tätigkeiten innerhalb des Jobs durch den Mitarbeiter selbstbestimmt sind. „Selbstverwirklichung" legt nahe, wie sehr sich der Mitarbeiter mit dem Beruf und seiner Bedeutung identifizieren kann. „Hilfeleistungen" spielen zum Beispiel in Non-Profit-Organisationen oder bei Erstversorgungsstellen von Unfall-Opfern eine Rolle – zentraler Aspekt ist hierbei die Hilfestellung für andere Menschen. Der Aspekt des „Betriebsklimas" enthält beispielsweise, in welchem Verhältnis man mit Mitarbeitern und Vorgesetzten steht.)

Bitte betrachten Sie die beiden Diagramme und beurteilen Sie die folgenden Aussagen nach ihrem Zutreffen!

a) In absoluten Zahlen gesehen sind die Aussagen betreffend „Finanzielle Aspekte" am meisten gestiegen, die Aussagen betreffend „Selbstverwirklichung" und „Autonomie" hingegen am stärksten gefallen.
b) In relativen Zahlen gesehen sind die Aussagen betreffend „Autonomie" am stärksten zurückgegangen.
c) Die zwei am häufigsten genannten Aspekte waren 2014 „Selbstverwirklichung" und „Autonomie", 2015 hingegen „Selbstverwirklichung" und „Finanzielle Aspekte".
d) Die Aussagen betreffend „Soziale Aspekte" und „Betriebsklima" wurden 2014 und 2015 jeweils gleich häufig genannt.

27. Konditionierung zweier Hunde

Zwei Hunde, ein Schäferhund (Leslie) und ein Bernhardiner (Rex), sollen konditioniert werden, bei Hören eines bestimmten Signaltons zu reagieren (indem sie z.B. besonders laut oder langandauernd bellen). Leslie soll bei Abspielen des Tons 2 am stärksten reagieren, Rex hingegen bei Ton 3.
Welche der folgenden Abbildungen stellt/stellen am deutlichsten eine erfolgreiche Konditionierung der beiden Hunde dar? Bewerten Sie sodann die unten stehenden Aussagen nach ihrer Gültigkeit!

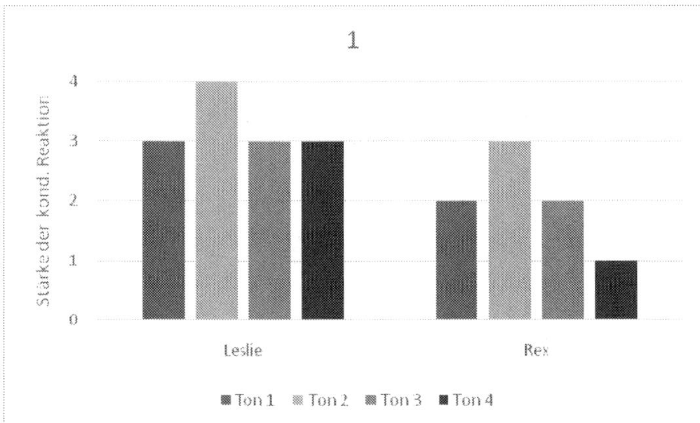

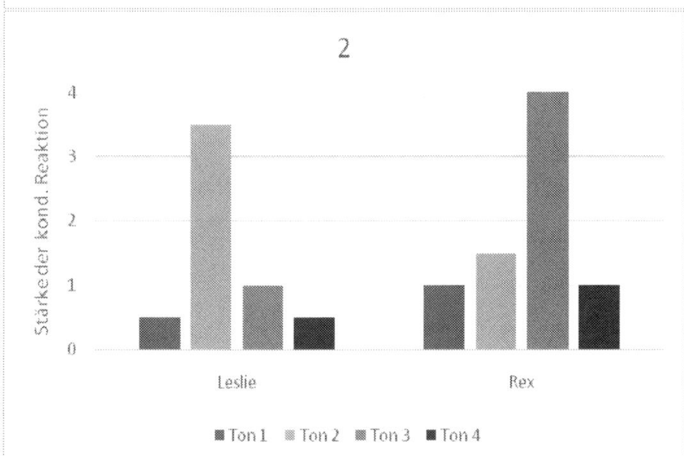

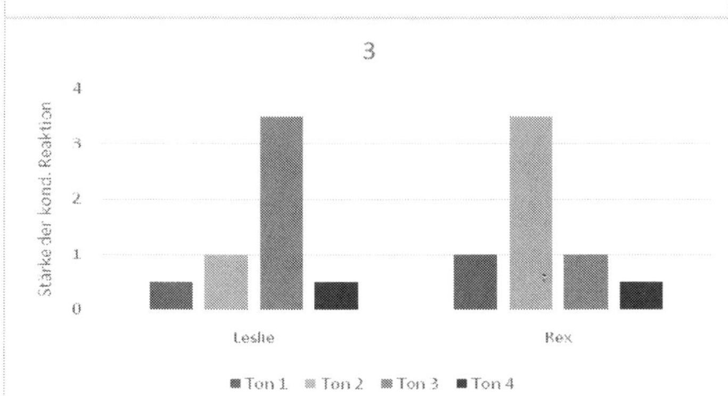

a) Abbildung 1 verdeutlicht am besten eine erfolgreiche Reizkonditionierung. Da bei dem Schäferhund Leslie die Konditionierung weit besser gelingt als bei dem Bernhardiner Rex, ist mit Sicherheit davon auszugehen, dass Schäferhunde über ein höheres Intelligenzvermögen verfügen und daher besser konditioniert werden können als Bernhardiner.
b) Abbildung 2 verdeutlicht am besten eine erfolgreiche Reizkonditionierung.
c) Abbildung 3 verdeutlicht am besten eine erfolgreiche Reizkonditionierung.
d) Abbildung 3 verdeutlicht am besten eine erfolgreiche Reizkonditionierung. Da beide Hunde ähnlich gut auf die Konditionierung reagieren, ist als Konsequenz des Experiments abzuleiten, dass Schäferhunde und Bernhardiner über ein ähnliches Intelligenzvermögen verfügen und daher ähnlich gut konditioniert werden können.

28. Produkteinführung

Im Rahmen einer Studie zur Kundenorientierung im Innovationsprozess wurde untersucht, wie sich die Zahl der Personen entwickelt, die ein neues Produkt zum ersten Mal ausprobieren. Dabei wurde festgestellt, dass Anfangs nur wenige Personen das neue Produkt testen. Die Zahl der Personen, die das Produkt bereits ausprobiert haben, steigt also nur leicht. Ist das Produkt erfolgreich, so dass es nicht vom Markt genommen wird, testen viele Personen das Produkt. Die Zahl der Personen, die das Produkt bereits ausprobiert haben, steigt. Am Ende probieren wieder nur wenige Personen das Produkt zum ersten Mal aus. Die Zahl der Personen, die das Produkt bereits ausprobiert haben, steigt also nur noch leicht.

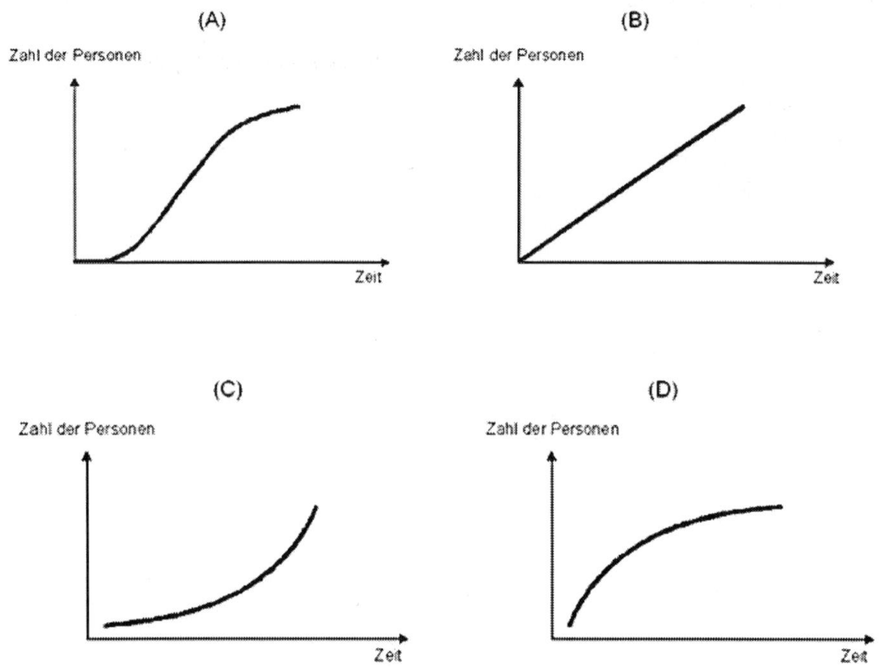

Quelle: www.testas.de

Welche Abbildung(en) zeigt/ zeigen die Entwicklung der Zahl der Personen, die das Produkt schon mindestens einmal ausprobiert haben?

a) Abbildung (A) ist richtig
b) Abbildung (B) ist richtig
c) Abbildung (C) ist richtig
d) Abbildung (D) ist richtig

29. Experiment zur Erinnerungsfähigkeit

Sie führen als Psychologe ein Experiment in der Gedächtnisforschung durch: Die TeilnehmerInnen der Untersuchung sollen eine Liste unzusammenhängender Wörter lernen. Anschließend sollen sie die gelernten Wörter entweder in der richtigen Reihenfolge wiedergeben („serial recall") oder frei („free recall"). Als Instruktionen könnten Sie für „serial recall" beispielsweise *„Nennen Sie die Wörter in der Reihenfolge, wie Sie sie gehört haben"* und für „free recall" *„Nennen Sie so viele der gehörten Wörter wie möglich!"* verwenden.
Die unten befindlichen Graphiken verdeutlichen die Prozentanzahl der erinnerten Wörter (als Mittelwerte der teilnehmenden Personen) für „serial recall" und „free recall". Die serielle Position beschreibt die Position der einzelnen Wörter in der ursprünglich gehörten Reihenfolge.
Das Experiment wurde jeweils mit der Vorgabe von 6, 10 und 15 Wörtern durchgeführt, um mögliche Unterschiede der erinnerten Anteile in der Anzahl vorgegebener Wörter aufzudecken.

Bitte betrachten Sie die beiden Grafiken und beurteilen Sie die unten befindlichen Aussagen nach ihrer Richtigkeit!

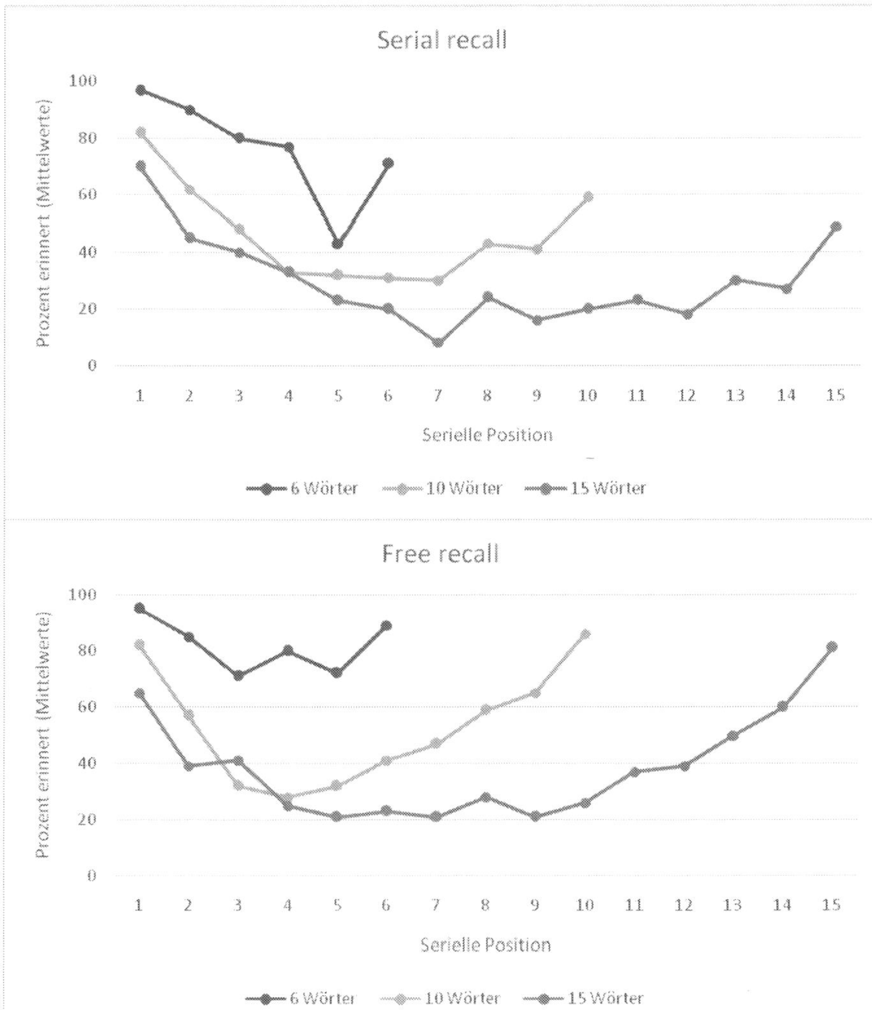

Grafik in Anlehnung an Gerrig&Zimbardo(2007)

a) Bezüglich der 10- sowie 15 Wörter-Listen gilt: Beim „serial recall" wurde jeweils das erste Wort besser erinnert als das letzte, beim „free recall" hingegen das letzte Wort jeweils besser erinnert als das erste.
b) Beim „free recall" wurden alle gehörten Wörter besser erinnert als beim „serial recall" – abgesehen vom ersten und letzten gehörten Wort.
c) Bei der 6-Wörter Liste wurde bei beiden Abrufbedingungen jeweils das fünfte gehörte Wort durchschnittlich am schlechtesten wieder erinnert.
d) Die TeilnehmerInnen zeigten beim „free recall" innerhalb der drei Wort-Listen jeweils beim ersten sowie letzten gehörten Wort ihre besten Leistungen.

30. Weiterbildungsmaßnahme

Eine Studentin der Psychologie arbeitet in ihrem Pflichtpraktikum mit Langzeitarbeitslosen, die nur noch wenig Eigeninitiative und Selbstverantwortung besitzen. Sie leitet eine Weiterbildungsmaßnahme, deren Ziel es ist, neben einer beruflichen Weiterqualifikation auch noch die Eigeninitiative und Selbstverantwortung zu fördern, damit die TeilnehmerInnen aktiver ihre Chancen am Arbeitsplatz nutzen können. Die TeilnehmerInnen werden zu Beginn und am Ende der Maßnahme von der Praktikantin mit einem standardisierten Fragebogen in Hinblick auf ihre Eigeninitiative untersucht.

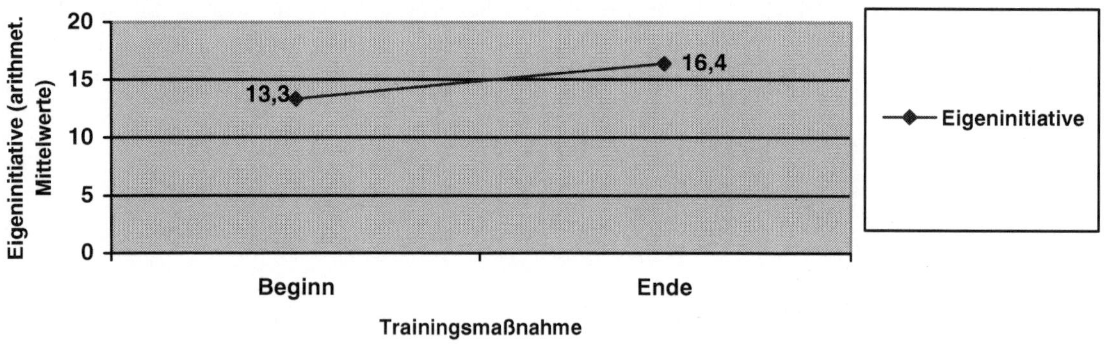

Quelle: Einführung in die Statistik: für pädagogische und soziale Berufe, Wüstendorfer (2005).

Welche Aussage(n) trifft/ treffen unter Berücksichtigung der Grafik zu?

a) Bei 16,4% der TeilnehmerInnen erhöht sich die Eigeninitiative in Folge der Trainingsmaßnahmen.
b) Im Durchschnitt liegen die Werte der Eigeninitiative von TeilnehmerInnen ohne Training bei 13,3.
c) Im Durchschnitt liegen die Werte der Eigeninitiative und Selbstverantwortung von TeilnehmerInnen nach der Trainingsmaßnahme bei 16,4.
d) Die Trainingsmethode führt bei allen TeilnehmernInnen der Weiterbildungsmaßnahme zu einer höheren Eigeninitiative.

31. Die Vergessenskurve

Jeder Lernstoff läuft Gefahr, über kurz oder lang wieder vergessen zu werden. So stellte der Gedächtnisforscher Hermann Ebbinghaus bereits im Jahre 1885 die Ergebnisse eines Experiments vor, in dem Lernende bereits nach zwei Tagen Dreiviertel des Lerninhalts nicht mehr reproduzieren konnten. Dieses Phänomen wird seitdem mittels "Ebbinghaus'scher Vergessenskurve" dargestellt. Ebbinghaus setzte den Lernaufwand, der benötigt wurde, um acht 13-silbige Reihen zu lernen, mit dem Lernaufwand, der benötigt wurde, um denselben Stoff nach zeitlicher Verzögerung erneut zu lernen, in Beziehung. Er protokollierte dabei die Anzahl der nötigen Lerndurchgänge bis zu einer 100%-igen Reproduktionsrate. Diese Methode wird als Ersparnismethode bezeichnet.

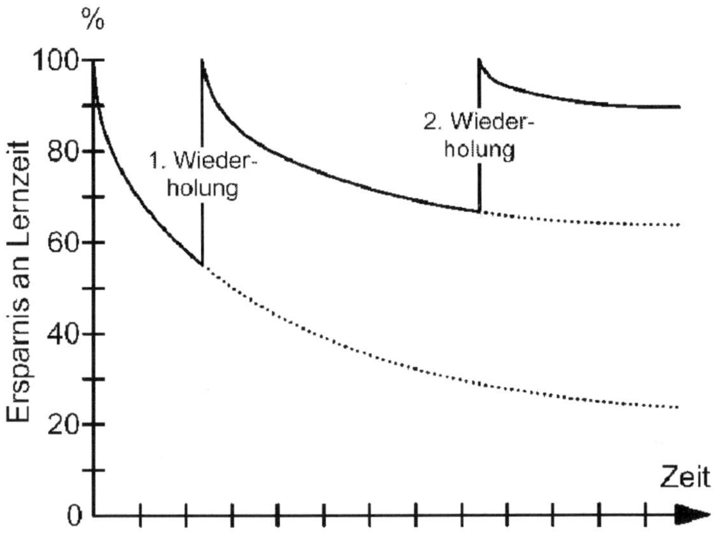

Quelle: http://arbeitsblaetter.stangl-taller.at/GEDAECHTNIS/Vergessen-Ebbinghaus.shtml

Welche Aussage(n) trifft/ treffen unter Berücksichtigung der Grafik zu?

a) Es wird umso mehr behalten, je länger der Zeitabstand ist, in dem versucht wird sich an das erstmalig Gelernte zu erinnern.
b) Mit zunehmenden Zeiteinheiten sinkt die Vergessensrate im Vergleich zum ersten Zeitintervall.
c) Beim dritten Lerndurchgang wurde eine Zeitersparnis von zirka 30% erreicht.
d) Bei der 1. Wiederholung wurde eine Zeitersparnis von zirka 55% erreicht.

32. Freizeitverhalten von Jungen und Mädchen der 9. Klasse

Die Diskussion, ob und inwiefern Jungen und Mädchen sich unterscheiden, ist und bleibt ein interessantes Thema. Angesichts dieser Tatsache werden immer wieder Studien veröffentlicht, die versuchen derartige Unterschiede aufzuzeigen. Die vorliegende Grafik beschreibt das Freizeitverhalten von Neuntklässlern nach Geschlecht im Tagesdurchschnitt.

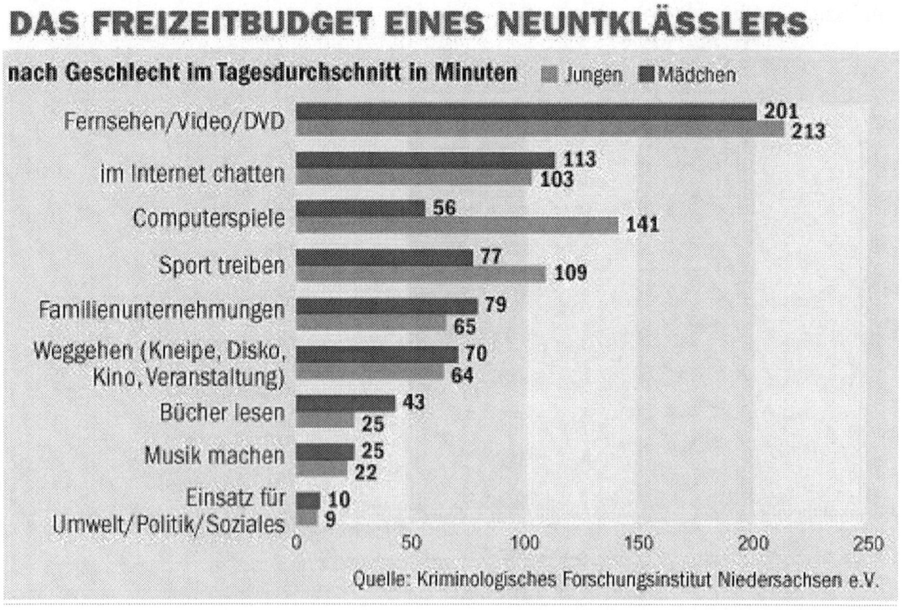

Welche Aussage(n) ist/sind unter Berücksichtigung der Grafik richtig?

a) Jungen verbringen doppelt so viel Zeit mit Computerspielen als Mädchen.
b) Im Vergleich zu Neuntklässlern sind Zehntklässler politisch engagierter.
c) Mädchen der 9. Klasse sind musikalischer als Jungen der 9. Klasse.
d) Im Schnitt betreiben Jungen der 9. Klasse mehr als 1,5 Stunden Sport pro Tag.

33. Statistische Erfassung der Arbeitslosigkeit

Die Arbeitslosenquote entspricht dem prozentualen Anteil der Arbeitslosen an der Erwerbsbevölkerung. Dieser errechnet sich aus der Zahl registrierter Arbeitsloser gebrochen durch die Summe registrierter Arbeitsloser und ziviler Erwerbspersonen, welche weitgehend durch die Bevölkerungsgröße definiert ist. In die Arbeitslosenquote gehen nur Personen ein, die zumindest schon einmal erwerbstätig waren, mindestens 15 Jahre alt sind und beim Amt für Arbeit gemeldet sind. Die Arbeitslosenquote ist ein Indikator für die Arbeitsmarkt- und Beschäftigungslage und Teil der Arbeitslosenstatistik.

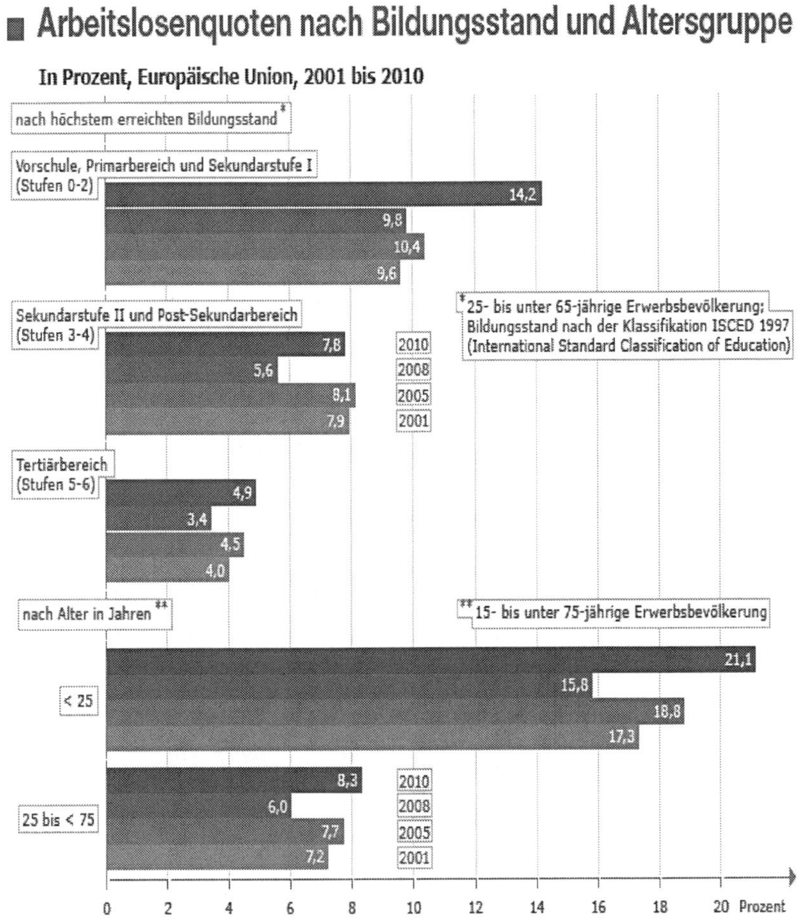

Quelle: Bundeszentrale für politische Bildung

Welche Aussage(n) trifft/ treffen unter Berücksichtigung der Grafik zu?

a) Das Risiko von Arbeitslosigkeit betroffen zu sein, ist im Jahr 2010 bei einem niedrigen Bildungsstand 2.9mal größer als bei einem hohen Bildungsstand.
b) In den Jahren 2001, 2005, 2008 und 2010 ist das Risiko als 15 -jähriger von Arbeitslosigkeit betroffen zu sein durchschnittlich 2,5mal größer als bei einem über 25 -jährigen.
c) Das größte Risiko von Arbeitslosigkeit betroffen zu sein, hat ein 64- Jähriger mit einem niedrigen Bildungsstand.
d) Das geringste Risiko von Arbeitslosigkeit betroffen zu sein, haben besonders junge Akademiker.

34. Entscheidungsanomalien

Die Wirtschaftspsychologie eröffnet neue Perspektiven Entscheidungsverhalten von Menschen im wirtschaftlichen Kontext erklären, vorhersagen und beeinflussen zu können.
Die Prospekt-Theorie, eine deskriptive Entscheidungstheorie der Wirtschaftspsychologie beschreibt eine Reihe von Entscheidungsanomalien unter Risiko und gibt an, wie Gewinne und Verluste subjektiv wahrgenommen werden. Eine Entscheidung unter Risiko bezieht sich auf die Tatsache, dass der Entscheidungsträger im Moment der Entscheidung hinsichtlich der Konsequenzen einer Option im Ungewissen ist.
Folgende Grafik zeigt auf, wie objektive Wahrscheinlichkeiten, durch welche Konsequenzen eintreten können, in subjektive Wahrscheinlichkeiten umgerechnet werden.

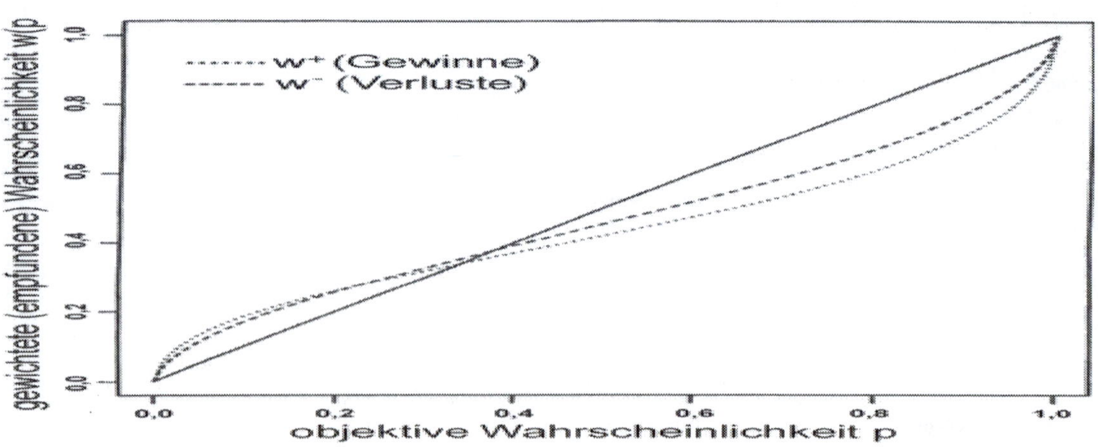

Quelle: Kirchler (2011); Wirtschaftspsychologie: Individuen, Gruppen, Märkte, Staat. Hogrefe Verlag

Welche Aussage(n) trifft/ treffen unter Berücksichtigung der Abbildung zu?

a) Die Wahrscheinlichkeit vom Blitz getroffen zu werden, wird eher überschätzt.
b) Die Wahrscheinlichkeit im Lotto zu gewinnen, ist höher als sie subjektiv wahrgenommen wird.
c) Die Wahrscheinlichkeit bei 10mal würfeln, mindestens einmal eine 6 zu bekommen, wird eher unterschätzt.
d) Im Vergleich zu einem Gewinn wird ein möglicher Verlust bei einer 50/50 Chance als unwahrscheinlicher empfunden.

35. Erlebte Last eines Kredites

Ein Kredit ist die Überlassung von Geld oder Sachen auf Zeit.
Neben dem Kredit als Geldleihe sind Kreditkarten von besonderer Relevanz. Positive Einstellung zur Kreditaufnahme, auch für Güter, die nicht unbedingt nötig sind, steigt mit zunehmender materialistischer Einstellung der Befragten. Verfügbarkeit von Kredit durch Kreditkarten verleitet zu unreflektierten Käufen.
Außerdem können soziale Vergleichsprozesse und das daraus resultierende Bedürfnis, ebenso viel zu besitzen wie vergleichbare andere Personen dazu führen, dass Geld ausgeliehen wird. Menschen mit einem hohen Bedürfnis, einer bestimmten Wohlstandskategorie anzugehören sowie gegenwartsbezogene Menschen, die den Wert zukünftiger Ereignisse stark diskontieren und besonders optimistisch sind, neigen auch eher zur Kreditaufnahme als andere.
Ausgehend von diesen Erkenntnissen wurde untersucht, wie die Last eines Kredites über die Zeit hinweg erlebt wird. Die Ergebnisse dieser Untersuchung sind in der folgenden Grafik zusammengefasst. Die angegebenen Gruppen beziehen sich auf die Laufzeit der bisherigen Rückzahlung des Kredits.

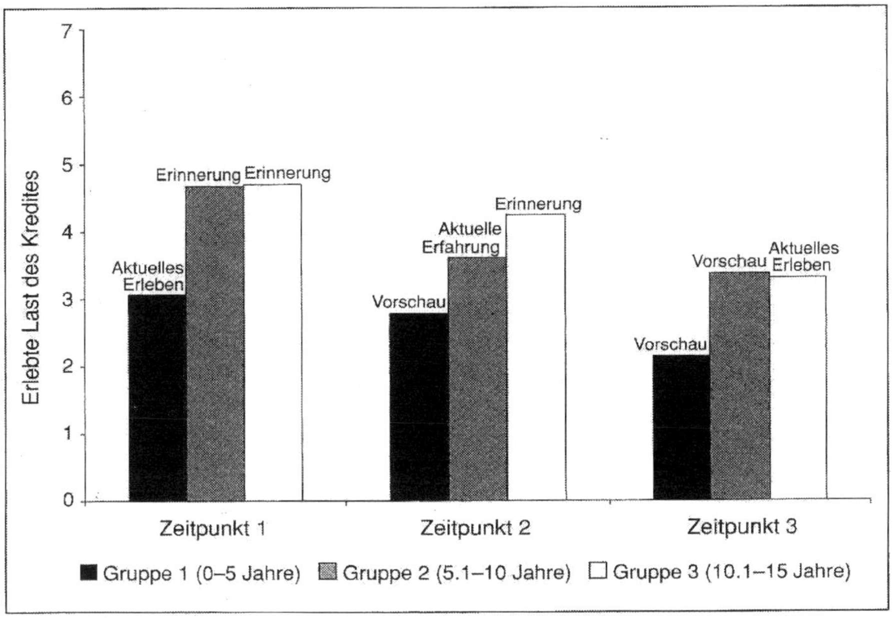

Quelle: Kirchler (2011); Wirtschaftspsychologie: Individuen, Gruppen, Märkte, Staat. Hogrefe Verlag

Welche Aussage(n) trifft/treffen unter Berücksichtigung der Grafik zu?

a) Je länger ein Kredit zurückgezahlt wird, desto intensiver wird die aktuelle Last eines Kredites erlebt.
b) Rückblickend wird der Kredit weniger belastend empfunden.
c) Personen sind sich über die zukünftige erlebte Last eines Kredites anfangs im Klaren.
d) Nach über 5 Jahren der Rückzahlung entspricht die Prognose über die zukünftige Last auch dem aktuellen Erleben nach über 10 Jahren.

TABELLEN

36. Umfrage zu Kriterien des Arbeitsplatzes

Sie führen als Mitarbeiter eines Marktforschungsinstituts eine Umfrage unter Angestellten des deutschen Handels durch. Mit der Fragestellung „Inwieweit treffen folgende Kriterien auf Ihren Arbeitsplatz zu?“ sollen die befragten Personen mit Schulnoten (1 = trifft voll und ganz zu, 2 = trifft eher zu, 3 = teils, teils, 4 = trifft eher nicht zu, 5 = trifft überhaupt nicht zu) ihre Zustimmung zu den einzelnen Themenbereichen signalisieren.
Insgesamt nahmen 1000 Personen bei der Umfrage teil. Da jedoch erst nach und nach die verschiedenen Themenbereiche der Befragung hinzugezogen wurden, wurden nicht alle Teile der Umfrage bei allen teilnehmenden Personen erhoben.

Der Tabelle können Sie jeweils den erfragten Teilbereich, die insgesamte Anzahl der Befragten sowie die Benotung der TeilnehmerInnen entnehmen. Bei den Feldern der Noten wird jeweils der (gerundete) Prozentanteil derjenigen Personen, die sich für die jeweilige Note entschieden haben, eingetragen.

Themenbereich	Anzahl befragter Personen	Note 1	Note 2	Note 3	Note 4	Note 5
Jobsicherheit	700	7%	13%	30%	33%	17%
Guter Ruf des Unternehmens	700	4%	7%	30%	36%	23%
Gute Karrierechancen	750	11%	22%	35%	23%	9%
Rasche Entwicklungsmöglichkeiten	800	9%	19%	39%	24%	9%
Angemessene Bezahlung	800	14%	23%	30%	19%	14%
Gute Vereinbarkeit von Beruf und Privatleben	900	13%	15%	29%	27%	16%
Übernahme von Verantwortung	1000	3%	7%	27%	39%	24%

Quelle: Statista 2015 – Zufriedenheit mit dem Arbeitsplatz nach ausgewählten Kriterien in Deutschland

Bitte betrachten Sie die Tabelle und bewerten Sie die untenstehenden Aussagen nach ihrer Richtigkeit!

a) Die Anzahl befragter Personen, die sich bei „Rasche Entwicklungsmöglichkeiten“ für die Note 3 entschieden haben ist geringer als die Anzahl jener, die sich bei „Übernahme von Verantwortung“ für die Note 4 entschieden.
b) Bei „Gute Karrierechance“, „Rasche Entwicklungsmöglichkeiten“, „Angemessene Bezahlung“ und „Gute Vereinbarkeit von Beruf und Privatleben“ entschieden sich die meisten der Befragten für die Note 3. Hingegen signalisierten bei „Jobsicherheit“, „Guter Ruf des Unternehmens“ und „Übernahme von Verantwortung“ die meisten befragten Personen, dass das jeweilige Kriterium eher nicht zutreffe.
c) Die Anzahl der befragten Personen, die sich bei „Guter Ruf des Unternehmens“ für die Note 2 entschieden, ist gleich groß wie die Anzahl der Personen, die bei „Übernahme von Verantwortung“ die Note 2 wählten.
d) Gleich viele befragte Personen wählten bei „Jobsicherheit“ die Note 1 und bei „Guter Ruf des Unternehmens“ die Note 2.

37. Vergleich von Behandlungsmethoden bei Depression

Ein Pharmaunternehmen will ein neues Medikament zur Therapie von Depression auf den Markt bringen. Die so genannten Antidepressiva sollen die Hirnbotenstoffe wieder ins Gleichgewicht bringen und die Signalübertragung zwischen den Nervenzellen normalisieren.

Zunächst soll durch eine Studie die Wirkung von Antidepressiva im Vergleich zu psychotherapeutischen Maßnahmen festgehalten werden. Als Kontrollgruppe werden hierbei PatientInnen hinzugezogen, die keinerlei Behandlung – weder medikamentös, noch therapeutisch – erhalten, um festzustellen, ob sich eventuell nach einer gewissen Zeit auch ohne Behandlung eine Besserung des gesundheitlichen und psychischen Zustands der PatientInnen einstellt. Die Untersuchung wurde bei zwei PatientInnengruppen über zwei Zeitperioden, ein halbes Jahr sowie 2 Jahre, angelegt, um mögliche Unterschiede der Wirkungsweise der Behandlungsmethoden über verschiedene Zeitstrecken festzuhalten.

In den unten stehenden Tabellen sehen Sie die jeweilige Anzahl der PatientInnen in den beiden Behandlungszeiträumen:

1/2 Jahr	Besserung	Keine Besserung
Antidepressiva	65	16
Psychotherapie	23	18
Keine Behandlung	8	42

2 Jahre	Besserung	Keine Besserung
Antidepressiva	12	42
Psychotherapie	32	9
Keine Behandlung	7	32

Welche Aussage(n) lässt/lassen sich aus den beiden Tabellen ableiten?

a) Psychotherapeutische Maßnahmen scheinen den Ergebnissen der Studie nach bei einem längeren Behandlungszeitraum (2 Jahre) bei mehr PatientInnen zu einer Besserung des psychischen Zustands zu helfen als bei einem kürzeren Zeitraum (1/2 Jahr) – unter Anbetracht der Gesamtanzahl der mit der Methode der Psychotherapie behandelten Personen.
b) Eine medikamentöse Behandlung (Antidepressiva) scheint in einer kurzfristigen Behandlungszeit (1/2 Jahr) in Relation mehr PatientInnen zu helfen als über einen längerfristigen Behandlungszeitraum (2 Jahre).
c) Beim Behandlungszeitraum von 2 Jahren wurden insgesamt 54 PatientInnen mit Antidepressiva behandelt und 41 mit psychotherapeutischen Maßnahmen. 7 Personen, die keinerlei Behandlung erhielten, zeigten auch keine Verbesserung ihres gesundheitlichen und psychischen Zustands.
d) Insgesamt zeigten 15 Personen eine Verbesserung ihres psychischen Zustands, obwohl sie im Laufe der Studie keine medikamentöse oder psychotherapeutische Behandlung erhielten.

38. Verkehrspsychologische Testung

Im Rahmen Ihrer Tätigkeit als Verkehrspsychologe arbeiten Sie an verschiedenen Schwerpunkten von Verkehrssicherheitsfragen. Derzeit stellen Sie einen neuen psychologischen Test zusammen, der präventiv zwischen sicheren und unsicheren Autofahrern unterscheiden soll, um bei unsicheren Fahrern bereits im Vorfeld sinnvolle Interventionen setzen zu können.

Innerhalb des Computertests sollen die ProbandInnen Verkehrssituationen betrachten, in denen bestimmte risikoreiche Wahrnehmungsinhalte während des Fahrens dargestellt werden. Das Verfahren soll sodann insgesamt zwischen denjenigen TeilnehmerInnen unterscheiden, die risikoreiche Verkehrssituationen sehr gut einschätzen und wahrnehmen können, und denjenigen, die Besagtes weniger gut vermögen.

In der folgenden 4-Felder-Tabelle sehen Sie links die durch den Test unterschiedenen Gruppen von sicheren und weniger sicheren VerkehrsteilnehmerInnen sowie oben die Statistiken Ihres späteren tatsächlichen Verhaltens im Verkehr, geordnet nach dem Bestehen von Unfällen oder dem Fehlen dieser.

	Unfall	Kein Unfall
Sicherer Fahrstil	50	400
Unsicherer Fahrstil	200	150

Bitte überprüfen Sie die folgenden Aussagen nach ihrer Richtigkeit!

a) Von den 450 Personen, die durch den Test einem sicheren Fahrstil zugeordnet wurden, hatten 50 später einen Unfall.
b) Insgesamt nahmen laut Tabelle 800 Personen am Computertest teil. Davon hatten 250 später einen Unfall, 550 keinen.
c) Die Ergebnisse deuten auf einen Zusammenhang bezüglich der Differenzierung sicherer/unsicherer Fahrstil und eines späteren Vorliegens eines Unfalls hin.
d) Eine Einstufung zu „Sicherer Fahrstil" durch den Test führt dazu, später weniger Unfälle zu haben.

39. Anzahl der PsychotherapeutInnen und ihrer therapeutischen Ausrichtung in Österreich

Im Rahmen einer Diskussion um die Versorgung von psychotherapeutischen Angeboten in Österreich werden Ihnen Statistiken zu der Anzahl an PsychotherapeutInnen in den Bundesländern sowie der Zahl der Einwohner des Bundeslandes übermittelt. Zusätzlich erhalten Sie eine Auflistung der anerkannten psychotherapeutischen Richtungen sowie der Anzahl der PsychotherapeutInnen, die sich der jeweiligen Methoden bedienen.

Bitte betrachten Sie die beiden dazugehörigen Tabellen und bewerten Sie die untenstehenden Aussagen nach Ihrer Wahrheit!

Anzahl der PsychotherapeutIn in Österreich nach Bundesland		
Bundesland	Anzahl PsychotherapeutIn	Anzahl Einwohner des Bundeslandes*
Burgenland	115	280.000
Kärnten	377	550.000
Niederösterreich	756	1.600.000
Oberösterreich	772	1.400.000
Salzburg	664	530.000
Steiermark	780	1.200.000
Tirol	667	700.000
Vorarlberg	323	370.000
Wien	3413	1.700.000

*Zahlen gerundet

Anzahl der PsychotherapeutInnen nach gesetzlich anerkannten Methoden	
Bezeichnung der psych. Richtung	Anzahl
Dynamische Gruppenpsychotherapie	182
Existenzanalyse	277
Individualpsychologie	208
Integrative Gestalttherapie	545
Klientenzentrierte Psychotherapie	621
Psychoanalyse	468
Systemische Familientherapie	1665
Verhaltenstherapie	807

Quellen: bestNET Informations-Service GmbH – Anzahl der PsychotherapeutInnen in Österreich; Statistik Austria 2014– Österreich und seine Bundesländer

a) Stellt man eine Einwohner pro PsychotherapeutIn - Statistik der Bundesländer auf, so kämen in Wien mehr Einwohner auf eine(n) PsychotherapeutIn als in Tirol.
b) Die größte Anzahl Systemischer FamilientherapeutInnen befindet sich in Wien.
c) Es sind laut obiger Statistik mehr PsychotherapeutInnen im Bereich der Systemischen Familientherapie und der Verhaltenstherapie tätig als in den übrigen anderen 6 genannten psychotherapeutischen Richtungen gemeinsam.
d) In Tirol und Vorarlberg kommen im Schnitt auf eine(n) TherapeutIn mehr als 1000 Einwohner.

40. Anzahl an FachärztInnen in den österreichischen Bundesländern

In der folgenden Tabelle sehen Sie eine Statistik über die Anzahl berufsausübender Fachärzte und Fachärztinnen, gelistet nach Bundesländern und ausgewählten Fachrichtungen.

	Bundesland									
	Bgld.	Kätn.	NÖ	OÖ	Slbg.	Stmk.	Tirol	Vbgl.	Wien	Insg.
Fachrichtung										
Augen-heilkunde	21	45	152	128	63	111	68	34	283	905
Chirurgie	47	106	293	198	121	272	169	52	410	1.668
Frauen-heilkunde	54	110	323	247	116	217	150	79	460	1.756
HNO	23	30	121	90	38	81	62	24	205	674
Kinder & Jugend	30	66	222	159	76	163	116	50	425	1.307
Neurologie	18	24	90	86	43	87	56	16	162	582
Psychiatrie	16	23	125	95	39	56	71	25	211	661
Urologie	20	23	120	82	34	62	54	22	158	575
Insg.	229	427	1.446	1.085	530	1.049	746	302	2.314	8.128

Quelle: Statistik Austria – Statistisches Jahrbuch 2015

Welche Aussage(n) trifft/treffen auf die Verteilung der Ärzte und Ärztinnen auf Bundesland und Fachrichtung zu?

a) Von den insgesamt 8.128 Fachärzten und Fachärztinnen sind in Niederösterreich (NÖ) 120 innerhalb der Urologie UND 273 in der Augenheilkunde ODER in der HNO tätig.
b) In Vorarlberg (Vbgl.) sind 41 Ärzte und Ärztinnen in der Neurologie ODER in der Psychiatrie tätig.
c) Von den insgesamt 8.128 Fachärzten und Fachärztinnen sind 661 in der Psychiatrie tätig. Von den PsychiaterInnen sind weniger als 1/3 in der Hauptstadt Wien tätig.
d) Innerhalb der Chirurgie sind 579 Ärzte und Ärztinnen in Wien UND in Tirol tätig.

41. Evaluation von Interventionsmethoden

Ein Therapeut will seine zurzeit am häufigsten genutzten Interventionsmethoden evaluieren, um für zukünftige PatientInnen nur Methoden anzuwenden, die eine hohe Wirksamkeit aufzeigen. Dazu diagnostiziert er über 5 Zeitperioden über jeweils 2 Monate den aktuellen Gesundheitszustand von 15 PatientInnen, indem er diesen einen Punktestand bis zu 20 Punkten zuordnet (hohe Punkteanzahl = guter gesundheitlicher Zustand, niedrige Punktanzahl = schlechter gesundheitlicher Zustand). Jeweils 3 PatientInnen werden zur selben Zeit mit den unterschiedlichen therapeutischen Interventionsplänen A, B und C behandelt.

In der folgenden Tabelle können Sie die Aufzeichnungen über den Gesundheitszustand der jeweiligen PatientInnen einsehen, gereiht nach PatientIn (Namen anonymisiert unter Verwendung der jeweiligen Initialen)), Zeitperiode sowie der zur Geltung kommenden Interventionsmethode A, B und C.

		Zeitraum				
		2 Monate	4 Monate	6 Monate	8 Monate	10 Monate
PatientIn	**Intervention**					
AG	A	4	8	12	16	20
CF	B	5	6	5	3	5
EH	C	13	14	12	8	9
GA	A	3	4	5	6	7
KI	B	10	8	9	8	10
LO	C	16	16	17	15	15
ME	A	2	4	6	8	10
NW	B	3	3	3	4	4
OI	C	5	5	5	4	4
PW	A	1	4	7	10	13
SS	B	14	16	15	16	16
TK	C	12	15	9	-	-
UI	A	10	12	14	16	18
WR	B	11	12	12	11	10
ZB	C	8	10	14	9	8

Bitte betrachten Sie die Tabelle und wählen Sie aus den folgenden Aussagen diejenige(n), die NICHT zutrifft/zutreffen!

a) Vergleicht man die drei Interventionsarten untereinander, so erscheint Intervention A die stärkste positive Wirksamkeit zu haben. Insgesamt kann somit davon ausgegangen werden, dass nur Intervention A zu einer raschen Gesundung der PatientInnen beitragen kann.
b) Intervention A scheint laut den Aufzeichnungen eine stetige, gleich groß bleibende positive Wirksamkeit über den erfassten Zeitraum inne zu haben.
c) Im Vergleich zu den anderen beiden verwendeten Methoden scheint sich der Gesundheitszustand der mit Intervention B behandelten PatientInnen über die einzelnen Zeitperioden hinweg durchschnittlich weniger zu verändern.
d) Bei Intervention C zeigte sich im letzten Zeitraum der Behandlung ein jeweils schlechterer Gesundheitszustand als zu Beginn der Intervention.

42. Beschreibung der psychotherapeutischen Tätigkeit

In einer Studie wurden PsychotherapeutInnen um eine Selbstbeschreibung der eigenen Tätigkeit gebeten. Hauptaugenmerk der Untersuchung stellte dar, ob die TherapeutInnen grundsätzlich innerhalb ihrer Tätigkeiten nur nach den Verfahren arbeiteten, für die sie ausgebildet wurden, oder ob sie darüber hinaus auch weitere Methoden anwenden.

Verglichen wurden hierbei die zwei gängigen psychotherapeutischen Ausrichtungen der analytischen Psychotherapie sowie der Verhaltenstherapie:

	Arbeite vornehmlich nach dem Verfahren, für das ich ausgebildet wurde	Arbeite eklektisch	Arbeite integrativ
Analytische Psychotherapie	184	50	138
Verhaltenstherapie	61	100	223

Quelle: Eichenberg & Brähler (2008) – Beruf „Psychotherapeut“: Motivation zur und Zufriedenheit mit der Berufswahl

In der Tabelle sehen Sie die beiden Therapieformen, in denen die befragten PsychotherapeutInnen tätig sind, sowie rechts die Anzahlen der TherapeutInnen, welche sich für die jeweilige oben angeführte Aussage entschieden. Während in „eklektischen“ Modellen verschiedene Interventionsformen kombiniert werden, wird in „integrativen“ Modellen ein theoretisch und konzeptionell neues und eigenständiges Veränderungsmodell entwickelt.

Bitte betrachten Sie die Zahlen in den Tabellen und beantworten Sie die folgenden Aussagen nach ihrer Richtigkeit!

a) Innerhalb der Analytischen Psychotherapie arbeitet fast jede 2. an der Studie teilgenommene PsychotherapeutIn vornehmlich nach dem Verfahren, für das sie ursprünglich ausgebildet wurde.
b) Der relative Anteil der StudienteilnehmerInnen, die in der Analytischen Psychotherapie nach dem Verfahren arbeiten, für das Sie ausgebildet wurden, ist mehr als 3x so hoch als jener der Verhaltenstherapie.
c) Bei den befragten Personen arbeiten in der Analytischen Psychotherapie im Vergleich zu der Verhaltenstherapie doppelt so viele Personen eklektisch.
d) Die meisten an der Studie teilgenommenen PsychotherapeutInnen innerhalb der Verhaltenstherapie und der Analytischen Psychotherapie arbeiten integrativ.

43. Ergebnisse einer Prüfung in Sozialpsychologie

Sie halten als ProfessorIn an der Universität Wien den aktuell stattfindenden Prüfungstermin im Modul der Sozialpsychologie ab. 250 StudentInnen sind zu der Prüfungsteilnahme angemeldet.

Bei den bisherigen Prüfungsterminen nahmen die ersten drei Noten (1,2 und 3) jeweils eine durchschnittliche kumulierte Prozentanzahl von ca. 35% ein. Die unten folgende Tabelle verdeutlicht das Ergebnis des aktuellen Prüfungstermins anhand der Benotung sowie deren Häufigkeit bezüglich der Gesamtanzahl der zu der Prüfung angemeldeten StudentInnen.

	Häufigkeit	**Prozent**	**Kumulierte Prozent**
Note			
1	37	14,8%	14,8%
2	62	24,8%	39,6%
3	75	30,0%	69,6%
4	21	8,4%	78%
5	48	19,2%	97,2%

Der Begriff der „kumulierten Prozente“ bedeutet, dass anhand der Aufzählung der Prozentangaben diese aufsummiert werden, bis die gesamte Personenanzahl (100%) erreicht wird.

Welche Aussage(n) lässt/lassen sich aus der Tabelle ableiten?

a) An der Prüfung nahmen weniger StudentInnen teil als angemeldet waren.
b) Beim aktuellen Prüfungstermin haben beinahe doppelt so viele StudentInnen eine 1, 2 oder 3 erreicht als bei den bisherigen Prüfungsterminen.
c) 2.8% der zur Prüfung angemeldeten StudentInnen wurden nicht in die Auflistung der Tabelle mit aufgenommen.
d) 7 angemeldete StudentInnen wurden nicht in die Auflistung der Tabelle aufgenommen.

44. Entwicklung und Einschätzung der Lebenserwartung in Deutschland

Die vorliegende Tabelle bietet Statistiken über die Entwicklung der Lebenserwartung in Deutschland in den Jahren 1950 bis 2010. Zusätzlich wurde eine Schätzung für die zukünftige Entwicklung bis zum Jahr 2020 angelegt. Die Zahlen innerhalb der Tabelle geben das erwartete Lebensalter für Geschlecht und Jahrzehnt in Jahren an.

Bitte interpretieren Sie die untenstehenden Aussagen anhand der Tabelle nach ihrer Richtigkeit!

	1950	1960	1970	1980	1990	2000	2010	2020
Männer	64,4	66,9	67,2	69,9	72,6	74,8	77,2	79,4
Frauen	68,5	72,4	73,4	76,3	79,0	80,8	82,7	84,3

Quelle: Statista 2015 – Entwicklung der Lebenserwartung bei Geburt in Deutschland nach Geschlecht in den Jahren 1950 bis 2060

a) Falls sich der stetige Trend der Entwicklung der Lebenserwartung wie in der Tabelle veranschaulicht fortsetzt, kann man die Annahme tätigen, dass sich die Lebenserwartung auch bis 2030 weiter erhöht.
b) Laut Statistik ist die Lebenserwartung von Männern niedriger als die für Frauen.
c) Laut Tabelle ist für zukünftige Jahre zu erwarten, dass sich die Lebenserwartung von Frauen und Männern immer mehr angleicht.
d) Die Lebenserwartung für Männer ist zwischen den Jahren 1950 und 1970 stärker angestiegen als zwischen den Jahren 1990 bis 2010.

45. Nominalskala

Eine Nominalskala stellt eine Skala für die Klassifizierung qualitativer Ausprägungen eines Merkmals dar, wie z.B. für das Geschlecht. Die Zahlen, welche die verschiedenen Ausprägungen symbolisieren, sind keine realen Zahlen, sondern zugeordnete. Für die Verwendung einer Nominalskala bedarf es eines empirischen Relativs mit einer Äquivalenzrelation. Äquivalente Objekte (gleiche Merkmalsausprägung) werden dabei mit identischen Zahlen, Objekte mit unterschiedlichen Merkmalsausprägungen mit verschiedenen Zahlen versehen. Folgende Tabelle zeigt eine Gruppe von N=30 PsychologiestudentInnen, welche ihre Bachelorarbeit in unterschiedlichen Fachbereichen absolvieren. Die Fachbereiche sind nominalskaliert und werden wie folgt kodiert: 1=Methodenlehre, 2=Wirtschaftspsychologie, 3=Bildungspsychologie, 4=Diagnostik, 5=Klinische und Gesundheitspsychologie

x1	x2	x3	x4	x5	x6	x7	x8	x9	x10	x11	x12	x13	x14	x15
2	5	3	3	2	1	5	4	2	5	2	4	3	5	5

x16	x17	x18	x19	x20	x21	x22	x23	x24	x25	x26	x27	x28	x29	x30
2	3	5	1	5	4	3	2	5	4	3	2	2	3	1

Welche Aussage(n) lässt/lassen sich aus der Tabelle ableiten?

a) Die PsychologiestudentInnnen Nr. 8, 12, 21 und 25 besitzen äquivalente Objekte.
b) Die Merkmalsausprägungen 2 und 5 sind gleich häufig vertreten.
c) Der Anteil an Personen mit der Merkmalsausprägung 1 beträgt 0,1.
d) PsychologiestudentInnen, welche ihre Bachelorarbeit im Fachbereich Methodenlehre absolvieren, sind in der angeführten Gruppe am geringsten vertreten.

46. Traumatisierung von Soldaten

Soldaten sind oftmals traumatischen Ereignissen ausgesetzt, aus welchen sich in Folge psychische Störungen wie die Posttraumatische Belastungsstörung entwickeln können. Die Tabelle zeigt eine Gruppe von Soldaten im Auslandseinsatz im Vergleich zu einer Kontrollgruppe von Soldaten in Bezug auf das Erleben verschiedener traumatischer Ereignisse.

	Gruppe im Auslandseinsatz (N=1500)	Kontrollgruppe (N=900)
Traumatische Ereignisse im Auslandseinsatz	1200	
Traumatische Ereignisse in Einsätzen	400	100
Andere traumatische Ereignisse	600	400

Welche der folgenden Aussagen lässt/lassen sich ableiten?

a) 500 Soldaten der Kontrollgruppe erlitten traumatische Ereignisse.
b) 4/5 der Gruppe der Soldaten im Auslandseinsatz erlitt „Traumatische Ereignisse im Auslandseinsatz".
c) Der Anteil an Soldaten der Gruppe im Auslandseinsatz mit „Traumatischen Ereignissen in Einsätzen" entspricht dem Anteil an Soldaten der Kontrollgruppe mit „Anderen traumatischen Ereignissen".
d) Der Anteil an Soldaten der Kontrollgruppe mit „Traumatischen Ereignissen in Einsätzen" ist kleiner als der Anteil der Soldaten der Kontrollgruppe mit „Anderen traumatischen Ereignissen".

47. Gesundheitsbefragung

Die nachfolgende Tabelle basiert auf der Österreichischen Gesundheitsbefragung von 2006/2007 der Statistik Austria. Sie gibt eine Übersicht darüber, welche Arten von Arztpraxen und ambulanten Versorgungsangeboten im Vorjahr der Befragung zumindest ein Mal in Anspruch genommen wurden.

	Personen		in % der Bevölkerung 15 Jahre und älter		Geschlechter-proportion (Männer = 1)
	Männer	Frauen	Männer	Frauen	
Allgemeinmedizin	2.545.600	2.964.500	75,6	81,8	1,2
Zahnheilkunde	1.982.600	2.241.500	58,9	61,8	1,1
Gynäkologie	-	2.030.700	-	56,0	-
Augenheilkunde	778.000	1.083.900	23,1	29,9	1,4
Spitals-, Unfallambulanz	616.400	684.900	18,3	18,9	1,1
Interne Medizin	485.100	607.300	14,4	16,8	1,3
Dermatologie	416.300	572.600	12,4	15,8	1,4
Orthopädie	332.700	454.300	9,9	12,5	1,4
Physiotherapie	290.600	435.700	8,6	12,0	1,5
HNO	331.500	385.000	9,8	10,6	1,2
Betriebsmedizin	246.800	123.900	7,3	3,4	0,5
Komplementäre Behandlungsmethoden	48.300	119.300	1,4	3,3	2,5
Psychotherapie	50.000	84.000	1,5	2,3	1,7
Homöopathie	39.500	127.800	1,2	3,5	3,2
Hauskrankenpflege	6.200	21.300	0,2	0,6	3,4

Quelle: STATISTIK AUSTRIA, Österreichische Gesundheitsbefragung 2006/2007

Was lässt sich der Tabelle entnehmen?

a) Frauen nahmen im Vorjahr der Befragung 1,7 Mal so häufig wie Männer zumindest eine Einheit von Psychotherapie in Anspruch.
b) Die Geschlechterproportion ist in der Inanspruchnahme der Betriebsmedizin am besten ausgeglichen.
c) 53 % der Befragten haben im Vorjahr zumindest ein Mal Augenheilkunde in Anspruch genommen.
d) Bezogen auf die gesamte Anzahl der in Anspruch genommenen Einheiten pro Kategorie (Art der Arztpraxis bzw. des ambulanten Versorgungsangebotes) im Vorjahr der Befragung, nehmen sowohl Männer als auch Frauen die Allgemeinmedizin am häufigsten in Anspruch.

48. Drogenspezifische Betreuung

Die Tabelle gibt eine Übersicht über die Personen, die im Jahr 2013 eine drogenspezifische Betreuung begonnen haben. Sie wird nach intravenösem Drogenkonsum und Geschlecht aufgeteilt. Die Zeilen „Ja“ und „Nein“ sind als Prozentwerte zu verstehen, die sich auf die Kategorie der „Gültigen Angaben“ beziehen. Die Zeile „Unbekannt“ bedeutet, dass die Kategorie „Unbekannt“ angekreuzt wurde; die Zeile „Missing“ bedeutet, dass keine Angabe gemacht wurde.

Intravenöser Drogen-konsum	Kurzfristige Kontakte			Niederschwellige Begleitung			Längerfristige ambulante Betreuungen			Längerfristige stationäre Betreuungen		
	Geschlecht			Geschlecht			Geschlecht			Geschlecht		
	m	w	alle	m	w	alle	m	w	alle	m	w	alle
Nein	75	66	73	31	33	31	65	56	63	53	36	50
Ja	25	34	27	69	67	69	35	44	37	47	64	50
Gültige Angaben	3.385	875	4.260	1.114	392	1.506	2.108	671	2.779	463	116	579
Unbekannt	273	131	404	271	100	371	143	38	181	26	6	32
Missing	12	8	20	22	9	31	13	3	16	40	4	44

Quellen: GÖG/ÖBIG in Vorbereitung, DOKLI-Auswertung Betreuungsjahr 2013

Welche Auskunft gibt die Tabelle hinsichtlich der drogenspezifischen Betreuung?

a) 655 Personen haben 2013 eine längerfristige stationäre Betreuung begonnen.
b) 24 Frauen, die 2013 eine drogenspezifische Betreuung begonnen haben, haben keine Angabe in Bezug auf intravenösen Drogenkonsum gemacht.
c) 69 Männer haben 2013 eine niederschwellige Begleitung begonnen.
d) 37% aller Personen, die 2013 eine längerfristige ambulante Betreuung begonnen und eine gültige Angabe in Bezug auf intravenösen Drogenkonsum gemacht haben, haben angegeben, intravenöse Drogen zu konsumieren.

49. Big Five

Die Big Five stellen die fünf Hauptdimensionen der Persönlichkeit dar. Bei diesen handelt es sich um Extraversion, Verträglichkeit, Gewissenhaftigkeit, Neurotizismus und Offenheit für Erfahrungen. In einer Studie wurde an einer Stichprobe von Studenten untersucht, ob die Persönlichkeit mit Motivation und Studienerfolg zusammenhängt. Unter intrinsischer (innerer) Motivation wird eine Motivation um ihrer selbst Willen und nicht aufgrund äußerer Umstände wie Belohnung bzw. Bestrafung verstanden. Die extrinsische (äußere) Motivation entspricht dem Gegenteil, dem getrieben werden von äußeren Einflüssen wie der Erwartung einer Belohnung bzw. Bestrafung. Amotivation stellt einen Zustand der Motivationslosigkeit dar, welcher auf das Erleben mangelnder Kompetenzen oder mangelnder Wertschätzung von Aktivitäten bzw. ihrer Ergebnisse zurückzuführen ist. Die resultierenden Korrelationen werden in r angegeben, dabei sind Werte zwischen -1 und +1 möglich. Für die Interpretation der Korrelationen gilt, je höher die Zahl (Vorzeichen nicht eingeschlossen), desto stärker der Zusammenhang. Ein positives Vorzeichen gibt einen positiven Zusammenhang und ein negatives einen negativen Zusammenhang an. Werte um 0 bedeuten keinen Zusammenhang.

	Gewissenhaftigkeit	Verträglichkeit	Offenheit f. Erfahr.	Extraversion
Intrinsische Motivation	r= 0,27	r= 0,13	r= 0,23	r= 0,14
Extrinsische Motivation	r= 0,28	r= 0,1	-	r= 0,27
Amotivation	r= -0,26	r= -0,25	-	r= -0,11
Studienerfolg	r= 0,28	r= 0,21	r= 0,12	-

Quelle: Inhalt angelehnt an Manual des BFSI von Schuhfried

Welche Aussage(n) bezüglich des Zusammenhangs zwischen Persönlichkeit, Motivation und Studienerfolg lässt/lassen sich ableiten?

a) Je höher die Gewissenhaftigkeit, desto höher die Amotivation.
b) Es kann keine Aussage bezüglich eines Zusammenhanges zwischen Offenheit für Erfahrungen und extrinsischer Motivation getätigt werden.
c) Der höchste Zusammenhang innerhalb der Verträglichkeit ergibt sich für den Studienerfolg.
d) Extraversion und intrinsische Motivation korrelieren niedriger als Verträglichkeit und extrinsische Motivation.

50. Belohnungssysteme

Gemäß dem Modell von Galbraith (1977) können die Verhaltensweisen von Mitarbeitern innerhalb eines Betriebes durch verschiedene Belohnungssysteme gesteuert werden. Unter den Belohnungssystemen sind Anreizquellen zu verstehen, welche die Verhaltensweisen fördern oder verhindern können. Folgende Tabelle bildet das Modell von Galbraith ab. Das linke Feld einer geteilten Zelle stellt den Einfluss auf das Verhalten innerhalb der Gruppe und das rechte Feld einer geteilten Zelle den Einfluss auf das Verhalten zwischen den Gruppen dar. Die Anzahl der „+“ und „-“ spiegelt die Stärke des Einflusses wider. Ein leeres Feld bedeutet, dass das Belohnungssystem keinen Einfluss auf das jeweilige Verhalten hat.

<table>
<tr><th colspan="2"></th><th colspan="10">Verhalten</th></tr>
<tr><th colspan="2"></th><th colspan="2">Beitreten und bleiben</th><th colspan="2">Verlässliches Rollenverhalten</th><th colspan="2">Anstrengung über dem Minimum</th><th colspan="2">Spontanes Verhalten</th><th colspan="2">Kooperatives Verhalten</th></tr>
<tr><td rowspan="8">Be-
lohn-
ungs-
system</td><td>Regelbefolgung</td><td></td><td>+</td><td colspan="2">+++</td><td></td><td>-</td><td></td><td>-</td><td></td><td>-</td></tr>
<tr><td>Systembelohnung</td><td colspan="2">++</td><td colspan="2"></td><td colspan="2"></td><td colspan="2"></td><td colspan="2"></td></tr>
<tr><td>Gruppenbelohnung</td><td colspan="2">++</td><td colspan="2">+</td><td colspan="2">++</td><td>++</td><td>-</td><td>++</td><td>-</td></tr>
<tr><td>Individuelle Belohnung</td><td colspan="2">+++</td><td colspan="2">+</td><td colspan="2">+++</td><td>+</td><td>-</td><td>+</td><td>-</td></tr>
<tr><td>Führungsverhalten</td><td colspan="2">+</td><td colspan="2">++</td><td colspan="2">++</td><td colspan="2">++</td><td colspan="2">++</td></tr>
<tr><td>Gruppenakzeptanz</td><td colspan="2">+</td><td>+</td><td>-</td><td>+</td><td>-</td><td>+</td><td>-</td><td>+</td><td>-</td></tr>
<tr><td>Aufgabeninvolvement</td><td></td><td>-</td><td>+++</td><td>--</td><td colspan="2">+++</td><td>+++</td><td>--</td><td>+++</td><td>--</td></tr>
<tr><td>Zielidentifikation</td><td colspan="2">+++</td><td colspan="2">+++</td><td colspan="2">+++</td><td colspan="2">+++</td><td colspan="2">+++</td></tr>
</table>

Quelle: Galbraith, 1977, zitiert nach Kirchler, 2008 (Arbeits- und Organisationspsychologie)

Was lässt sich über Galbraiths Modell aussagen?

a) Die Zielidentifikation stellt das wirksamste Belohnungssystem dar.
b) Wohingegen Gruppenbelohnung spontanes und kooperatives Verhalten innerhalb der Gruppe fördert, verhindert sie spontanes und kooperatives Verhalten zwischen den Gruppen.
c) Abgesehen vom Aufgabeninvolvement und der Regelbefolgung in Bezug auf das Verhalten innerhalb der Gruppe wird die Entscheidung, dem Betrieb beizutreten und zu bleiben, durch alle dargestellten Belohnungssysteme ermöglicht.
d) Um die Anstrengung über dem Minimum bestmöglich zu fördern, können die individuelle Belohnung, das Aufgabeninvolvement und/oder die Zielidentifikation als Belohnungssystem eingesetzt werden.

51. Eigenschaften von Führungskräften

Tageszeitungen wurden auf Todesanzeigen hin analysiert, welche sich auf verstorbene Führungskräfte bezogen. Für die Analyse brachten unabhängige Beurteiler die in den Todesanzeigen enthaltenen Beschreibungen in ein Kategorienschema. Die am häufigsten genannten Attributkategorien werden mit ihren jeweiligen Prozentanteilen getrennt für männliche und weibliche Führungskräfte in der Tabelle dargestellt.

	Männliche Führungskräfte	Weibliche Führungskräfte
verehrungswürdig	0,9	3,8
Wegbereiter	2,3	4,7
treu	2,4	4,4
fürsorglich	2,6	4,2
menschlich	2,9	3,8
erfolgreich	3,6	3,8
verdienstvoll	4,0	2,7
kameradschaftlich	4,5	2,0
kräftig	4,2	4,4
unermüdlich	4,2	4,4
engagiert	4,3	6,2
Experte	5,2	1,8
Persönlichkeit	5,6	5,8

Quelle: Inhalt entspricht Rodler, Kirchler und Hölzl, 2001, zitiert nach Kirchler, 2008 (Arbeits- und Organisationspsychologie)

Was lässt sich mittels obiger Tabelle über die Eigenschaften von Führungskräften aussagen?

a) Männliche Führungskräfte werden als „verehrungswürdig" angesehen.
b) Der Prozentanteil in Bezug auf die Häufigkeit, in welcher die Eigenschaften genannt werden, beträgt für „Persönlichkeit" 11,4 %.
c) Weibliche Führungskräfte übertreffen männliche Führungskräfte am meisten in Bezug auf die Attributkategorie „engagiert".
d) „Persönlichkeit" stellt die am häufigsten genannte Attributkategorie dar.

52. Partnerwahl

Wenn Menschen neue Freundschaften oder Partnerschaften eingehen, beabsichtigen sie, in einigen Merkmalen miteinander übereinzustimmen. Personen, die im äußeren Erscheinungsbild, sozialen Hintergrund, in der Persönlichkeit, Geselligkeit, in den Interessen und Freizeitaktivitäten aufeinander abgestimmt sind, fühlen sich mit größerer Wahrscheinlichkeit zueinander hingezogen. Eine Längsschnittstudie mit verheirateten Paaren über 20 Jahre bestätigte, dass sich die Partner in den Ausgangserhebungen in vielen Bereichen ähnlich waren wie beispielsweise im Alter und der Bildung. Darüber hinaus bleiben Paare wahrscheinlicher zusammen, wenn sie sich ähnlich sind. Folgende Tabelle veranschaulicht die Faktoren für anfängliche Anziehungskraft anhand verschiedener Beziehungen. Die Werte sind als Durchschnittswerte einer 4-stufigen Skala zu verstehen, welche die Wichtigkeit der einzelnen Faktoren erhebt (4=sehr wichtig).

	Art der Beziehung oder Freundschaft			
	Alle Messungen	Romantisch	Gleiches Geschlecht	Entgegengesetztes Geschlecht
Wünschenswerte Persönlichkeit des Gegenübers	3,41	3,50	3,33	3,37
Wärme & Freundlichkeit des Gegenübers	3,31	3,43	3,08	3,40
Wechselseitiges Gefallen	3,09	3,17	2,99	3,11
Etwas Spezielles am Gegenüber	3,05	3,14	2,91	3,11
Ähnlichkeit der Interessen & Freizeitaktivitäten	3,02	2,79	3,29	3,02
Ähnlichkeit der Einstellungen & Werte	2,99	2,96	3,10	2,88
Ähnlichkeit der Sozialkompetenzen	2,97	2,87	3,01	3,07
Nähe	2,91	2,76	3,11	2,88
Ähnlichkeit im sozialen Hintergrund	2,81	2,74	2,89	2,82
Vertrautheit	2,76	2,77	2,73	2,79

Quelle: Sprecher, 1998, zitiert nach Hogg & Vaughan, 2008 (Social Psychology)

Was lässt sich über die Faktoren für anfängliche Anziehungskraft aussagen?

a) Auf Freundschaften bezogen, ist es für die anfängliche Anziehungskraft wichtiger, dass Petra und Matthias „Etwas Spezielles am Gegenüber" finden als Petra und Elisabeth.
b) Stefan lernt zwei Freundinnen kennen. Bettina wird er später heiraten und zu Andrea eine Freundschaft entwickeln. Für die anfängliche Anziehungskraft ist die „Ähnlichkeit der Sozialkompetenzen" bei Andrea wichtiger als bei Bettina.
c) Generell ist eine „Wünschenswerte Persönlichkeit des Gegenübers" für die anfängliche Anziehungskraft am wichtigsten.
d) Die Wahrscheinlichkeit, dass eine „Romantische Beziehung" anhält ist größer, wenn sie eine „Ähnlichkeit der Einstellungen & Werte" im Gegensatz zu einer „Ähnlichkeit im sozialen Hintergrund" aufweist.

53. Lebensereignisse

Lebensereignisse verändern oftmals die Lebensumstände, was psychisch belastbar sein und eine Neuanpassung erforderlich machen kann. Der Aufwand, welcher für die Umstellung auf die Lebensereignisse notwendig ist, wird in „Life Change Units“ (LCU) ausgedrückt. Dabei kann das Lebensereignis sowohl positiv als auch negativ besetzt sein. Die LCU-Werte wurden gebildet, indem den Personen aus der Untersuchungsstichprobe die „Social Readjustment Rating Scale“ (SRRS) vorgelegt wurde, die 43 potentielle Lebensereignisse auflistet. Sie sollten dabei den Aufwand abschätzen, der für die Umstellung der einzelnen Lebensereignisse benötigt wird. Das Lebensereignis „Heirat“ wurde mit einer vorgegeben Punktezahl von 500 als Ankerreiz (=Bezugsrahmen) gesetzt. Die Gruppenmittelwerte der Untersuchungsstichprobe wurden durch 10 geteilt und ergeben somit die LCU-Werte der einzelnen Lebensereignisse. Das Belastungsmaß erhält man durch die Summe der LCU-gewichteten Lebensereignisse, welche in einem bestimmten Zeitraum eingetreten sind. Folgende Tabelle enthält 11 von 43 potentiellen Lebensereignissen der SRRS mit den dazugehörigen LCU-Werten getrennt für 3 verschiedene Zeitpunkte.

Lebensereignisse (Item-Nr.)	LCU-Werte		
	1965	1977	1995
Tod des Ehepartners (1)	100	105	119
Scheidung (2)	73	62	98
Krankheit/Verletzung (6)	53	42	77
Heirat (7, Ankerreiz)	**50**	**50**	**50**
Verlust des Arbeitsplatzes (8)	47	64	79
Pensionierung/Ruhestand (10)	45	49	54
Schwangerschaft (12)	40	60	66
Sexuelle Probleme (13)	39	49	45
Tod eines nahen Freundes (17)	37	46	70
Wohnungswechsel (32)	20	33	41
Urlaub (41)	13	29	25

Quelle: Miller & Rahe, 1997, zitiert nach Huber, 2008 (Allgemeine Klinische Psychologie)

Welche Aussage(n) lässt/lassen sich aus der Tabelle entnehmen?

a) Eine Schwangerschaft wird zu jedem Messzeitpunkt negativer wahrgenommen als zum vorherigen Messzeitpunkt.
b) Der geschätzte Aufwand für die Umstellung auf eine „Heirat“ ist zu jedem Messzeitpunkt unverändert geblieben.
c) Das Belastungsmaß erreicht mit dem Tod des Ehepartners den maximalen Wert.
d) Von den 11 Lebensereignissen wird ein Urlaub als das Lebensereignis angesehen, welches mit dem geringsten Aufwand für die Umstellung verbunden ist.

54. Rauchen und Sensation-Seeking

Die Persönlichkeitseigenschaft Sensation-Seeking, auch Reizsuche genannt, beschreibt die Neigung, immerzu neue Reize und Eindrücke zu suchen, auch wenn diese risikobehaftet sind. Nehmen wir an, in einer Studie wird ein Zusammenhang zwischen Sensation-Seeking und Rauchen vermutet. Erhoben wird das Level an Sensation-Seeking sowie ob die Teilnehmer Raucher oder Nichtraucher sind. Die untenstehende Tabelle zeigt die Ergebnisse dieser Studie, jedes Feld zeigt die Anzahl der Teilnehmer an, die bestimmte Eigenschaften innehaben. Interpretieren Sie die Ergebnisse.

	RaucherInnen	**NichtraucherInnen**
Niedriges Sensation-Seeking	**25**	**41**
Hohes Sensation-Seeking	**54**	**21**

a) Von insgesamt 141 TeilnehmerInnen sind 79 RaucherInnen und 62 NichtraucherInnen.
b) Die Ergebnisse weisen auf einen Zusammenhang zwischen Rauchen und Hohem Sensation-Seeking hin.
c) Rauchen führt zu einem Anstieg im Sensation-Seeking.
d) Menschen mit hohem Sensation-Seeking haben ein mehr als doppelt so hohes Risiko, mit dem Rauchen anzufangen.

55. Substitutionstherapie

Zur Behandlung von Opioidabhängigkeit gilt die Substitutionstherapie als eine Alternative zur abstinenzorientierten Therapie. Hierbei wird kontrolliert ein Medikament verabreicht, welches das Bedürfnis nach dem Suchtstoff stillt, aber weniger Gefahren birgt und das Funktionsniveau der PatientInnen aufrecht erhält. Die folgende Tabelle stellt die Anzahl der SubstitutionspatientInnen sowie die der substitudierenden Ärzte/Innen im Jahr 2010 nach deutschen Bundesländern dar. Interpretieren Sie die Tabelle.

Bundesland	**Gemeldete PatientInnenen am Stichtag 1.10.2010**	**Substituierende Ärzte/Innen in 2010**
Baden-Württemberg	10.461	445
Bayern	8.555	303
Berlin	5.082	151
Brandenburg	99	12
Bremen	1.814	71
Hamburg	5.060	104
Hessen	6.894	225
Mecklenburg-Vorpommern	291	22
Niedersachsen	7.697	273
Nordrhein-Westfalen	23.694	768
Rheinland-Pfalz	2.213	85
Saarland	875	22
Sachsen	749	31
Sachsen-Anhalt	770	35
Schleswig-Holstein	3.541	123
Thüringen	427	40
Quelle: Bundesinstitut für Arzneimittel und Medizinprodukte		

a) Das beste Betreuungsverhältnis besteht in Brandenburg, das schlechteste in Hamburg.
b) Die meisten gemeldeten SubstitutionspatientInnen leben zum Stichtag in Nordrhein-Westfalen.
c) Die Statistik zeigt alle SubstitutionspatientInnen und deren Ärzte/Innen des Jahres 2010.
d) In Gesamtdeutschland sind zum Stichtag ca. 150 000 SubstitutionspatientInnen gemeldet.

56. Geburtenraten

Die folgende Tabelle zeigt die Anzahl an anonymen Geburten nach Bundesländern über die Jahre 2002 bis 2007. Eine anonyme Geburt bedeutet keine Datenerfassung im Krankenhaus und ein Abgeben des Kindes nach der Entbindung. Welche der folgenden Aussagen lassen sich anhand der Tabelle treffen?

Anonyme Geburten

Bundesland	2002	2003	2004	2005	2006	2007	Summe
Burgenland	-	2	-	-	-	1	3
Kärnten	2	1	-	5	2	1	11
Niederösterreich	5	1	4	5	4	3	22
Oberösterreich	4	9	3	5	3	2	26
Salzburg	4	1	3	3	5	4	20
Steiermark	12	6	9	7	3	10	47
Tirol	1	3	1	1	2	1	9
Vorarlberg	1	-	-	-	-	-	1
Wien	16	17	7	10	8	15	73
Summe	45	40	27	36	27	37	212

Quelle: hebammen.at; Anonyme Geburten von 2002 bis 2007 nach Bundesländern, modifiziert aus: Statistik Austria.

a) Das urbane Umfeld in Wien führt zu einer erhöhten Anzahl an anonymen Geburten.
b) Die Anzahl der anonymen Geburten in Österreich war rückläufig von 2002 bis 2004.
c) Ca. 1/3 aller anonymen Geburten im erfassten Zeitraum wurden in Wien durchgeführt.
d) Vorarlberger Mütter stehen ihren Neugeborenen näher als Mütter aus anderen Bundesländern.

57. Datenbereinigung

Nehmen wir an, Sie führen eine Studie mit einem Depressionsfragebogen durch. Die Fragen können auf einer Skala von 0-6 beantwortet werden, während 0 für eine schwache Ausprägung steht und 6 für eine starke. In der folgenden Tabelle sehen Sie einen Auszug aus den erhobenen Daten der Skala Depressionssymptomatik, die aus 9 Fragen besteht. Sie sollen diese nun auf Plausibilität prüfen, d.h. ob die Daten so Sinn machen. Außerdem muss sicher gestellt werden, dass nicht zu viele Felder leer gelassen wurden. Da aus den dargestellten Items eine Skala berechnet wird, dürfen pro Skala nur 20% der Felder frei gelassen worden sein, um noch rechnerisch korrigiert werden zu können. Bitte geben Sie an, wie Sie die Datensätze einschätzen.

Datensätze	**DEP_1**	**DEP_2**	**DEP_3**	**DEP_4**	**DEP_5**	**DEP_6**	**DEP_7**	**DEP_8**	**DEP_9**
34	0	6	7	2	2	3	5	6	4
35	2	4	2	1	6	5	2	0	1
36	1	0	2	5	6	?	4	2	?
37	1	?	2	0	4	3	2	1	1
38	1	2	0	?	?	?	1	1	1

a) Die Datensätze 36 und 38 können nicht mehr rechnerisch nachkorrigiert werden, da über 20% der Daten fehlen.
b) Der Datensatz 35 ist plausibel und kann ohne Korrektur verwendet werden.
c) Die Datensätze 34 und 35 sind plausibel und können ohne Korrektur verwendet werden.
d) Der Datensatz 37 kann nach einer rechnerischen Korrektur eines Items verwendet werden.

58. Studienzufriedenheit

Angenommen Sie haben im kleinen Rahmen eine Studie zur Studienzufriedenheit mit Universitätsstudierenden und FH-Studierenden durchgeführt. Damit die Ergebnisse interpretierbar sind dürfen keine der Zellen der untenstehenden Vierfeldertafel <5 sein. Interpretieren Sie die Tabelle und bestimmen Sie, welche Aussagen aufgrund der Ergebnisse möglich sind.

	FH-Studierende	Uni-Studierende	Gesamt
Zufrieden	3	9	12
Nicht zufrieden	8	1	9
Gesamt	11	10	21

a) Unter den TeilnehmerInnen sind FH-Studierende unzufriedener als Universitätsstudierende.
b) Insgesamt wurden 21 Personen befragt, davon 11 FH-Studierende und 10 Universitäts-Studierende.
c) Unter den zufriedenen Studierenden fanden sich 3 FH-Studierende und 9 Universitäts-Studierende.
d) Eine Interpretation der Daten kann nicht stattfinden, da bei zwei Feldern die <5-Regel verletzt wurde.

59. Schulnoten

Angenommen Sie führen eine Studie durch zum Thema Zusammenhang von Schulnoten und Intelligenzquotient. Die Tabelle zeigt Ihre Ergebnisse in Form einer Korrelation, also der Stärke des Zusammenhangs, sowie die Signifikanz, welche anzeigt, ob der Zusammenhang groß genug ist, um nicht mehr zufällig entstanden zu sein. Eine Korrelation kann Werte von -1 bis 1 annehmen und ist als stark zu bezeichnen, wenn sie einen Betrag von .7 überschreitet. Ein Zusammenhang ist dann signifikant, wenn die Signifikanz kleiner ist als 0,05. Interpretieren Sie die Ergebnisse.

		Deutsch-note	**Mathematik-note**	**Englisch-note**	**Intelligenz-quotient**	**Einstellung zur eigenen Zukunft**
Deutschnote	Korrelation	1.000	.134	.909	.706	-.120
	Signifikanz	-	.030	.000	.000	.053
Mathematiknote	Korrelation	.134	1.000	-.175	.708	.229
	Signifikanz	.030	-	.004	.000	.000
Englischnote	Korrelation	.909	-.175	1.000	.467	-.216
	Signifikanz	.000	.004	-	.000	.000
Intelligenzquotient	Korrelation	.706	.708	.467	1.000	.067
	Signifikanz	.000	.000	.000	-	.277
Einstellung zur eigenen Zukunft	Korrelation	-.120	.229	-.216	.067	1.000
	Signifikanz	.053	.000	.000	.277	-
Quelle: https://www.lrz.de						

a) Es besteht ein starker signifikanter Zusammenhang zwischen dem Intelligenzquotienten und der Deutsch- und Mathematiknote.
b) Es besteht ein starker signifikanter Zusammenhang zwischen der Deutsch- und Englischnote.
c) Es besteht ein starker signifikanter Zusammenhang zwischen der Einstellung zur eigenen Zukunft und dem Intelligenzquotienten.
d) Alle intelligenten Menschen haben gute Noten in Deutsch und Mathematik.

60. Häufigkeiten

In einer Studie wurden neben dem eigentlichen Studiengegenstand auch demografische Daten erhoben, darunter die Wohnbezirke der TeilnehmerInnen. In der unten stehenden Tabelle stehen die Bezirke, die Häufigkeit mit der ein solcher genannt wurde, die Prozente, die diese Nennungen aufweisen sowie die kumulierten Prozente. Letztere bedeuten, dass entlang der Aufzählung der Bezirke die zugehörigen Prozente aufaddiert werden bis die 100% mit dem letzten Bezirk erreicht werden. Mit „Gültige Prozent" sind diejenigen gemeint, die nach Abzug der fehlenden Daten noch verwendet werden können.

	Häufigkeit	Prozent	Gültige Prozente	Kumulierte Prozente
2	5	3,2	3,8	3,8
3	9	5,8	6,9	10,7
4	1	0,6	8	11,5
5	2	1,3	1,5	13,0
6	4	2,6	3,1	16,0
7	1	0,6	0,8	16,8
8	2	1,3	1,5	18,3
9	33	21,4	25,2	43,5
10	9	5,8	6,9	50,4
11	2	1,3	1,5	51,9
12	5	3,2	3,8	55,7
13	5	3,2	3,8	59,5
14	2	1,3	1,5	61,1
15	4	2,6	3,1	64,1
16	9	5,8	6,9	71,0
17	5	3,2	3,8	74,8
18	4	2,6	3,1	77,9
19	4	2,6	3,1	80,9
20	10	6,5	7,6	88,5
21	13	8,4	9,9	98,5
22	2	1,3	1,5	100,0
Fehlend	23	14,9	-	-
Gesamt	154	100,0	100,0	-
Quelle: Erwin Ebermann, Universität Wien				

Welche Aussage(n) lässt/lassen sich anhand der Tabelle treffen?

a) Zu 14,9% der TeilnehmerInnen kann keine Aussage bezüglich des Wohnortes getroffen werden.
b) Die TeilnehmerInnen, welche in den Bezirken 2 bis 10 leben, stellen ca. die Hälfte der Stichprobe.
c) Die TeilnehmerInnen, welche in den Bezirken 10 bis 20 leben, stellen ca. 45% der Stichprobe.
d) Der 17. Bezirk stellt 74,8% der Stichprobe.

61. Häufigkeiten Medien

Eine Stichprobe aus deutschsprachigen Europäern (DE, Ö, CH) wurde befragt, auf welche Medien sie am wenigsten verzichten könnte. Die folgende Tabelle stellt die Ergebnisse in Prozenten dar. Bitte interpretieren Sie diese.

Stellenwert der Medien
Auf welches dieser genannten Medien können Sie am wenigsten verzichten?

	Gesamt	Deutschland	Österreich	Deutschsprachige Schweiz
Tageszeitungen	12	13	5	15
Zeitschriften / Illustrierte	1	1	1	5
Fernsehen	25	26	20	20
Radio	11	11	14	14
Internet	31	30	46	36
Bücher	17	18	13	9
Hörbücher	2	2	1	2

Quelle: Boersenblatt.net

a) Bei mehr als einem Drittel der Stichprobe stand das Internet an erster Stelle.
b) In Deutschland nannten 26 Personen das Fernsehen als wichtigstes Medium.
c) 14% der Österreicher nannten das Radio als das am wenigsten verzichtbare Medium.
d) 2% der Deutschen hören gerne Hörbücher.

62. Wirksamkeitsstudie

Angenommen Sie haben eine Wirksamkeitsstudie zur Behandlung von Angststörungen durchgeführt, bei der geprüft werden soll, ob Antidepressiva, Anxiolytika oder Placebopräparate zu stärkeren Symptomatikverbesserungen führen. Die unten stehenden Ergebnisse zeigen einen Auszug aus den Datensätzen. Das durchschnittliche Angstlevel rangiert auf einer Skala von 0-10, während 0 für ein niedriges Angstlevel steht, und 10 für eine hohes. Beurteilen Sie die Ergebnisse.

Durchschnittliches Angstlevel					
Antidepressiva		**Anxiolytika**		**Placebo**	
Pretest	**Posttest**	**Pretest**	**Posttest**	**Pretest**	**Posttest**
8	**5**	**8**	**4**	**10**	**5**
9	**6**	**7**	**3**	**8**	**6**
7	**6**	**9**	**5**	**9**	**5**
10	**7**	**9**	**3**	**8**	**5**

a) Die Anxiolytika weisen über alle dargestellten Fälle gesehen die höchste Besserungsrate auf.
b) Die Antidepressiva weisen eine gleich gute Besserungsrate auf wie die Anxiolytika.
c) Alle drei Verfahren waren gleich wirksam.
d) Die Antidepressivagruppe reagierte kaum auf die Behandlung.

63. Onlinenutzung

Die Verbreitung der Internetnutzung hat in den letzten 20 Jahren stark zugenommen. Verschiedene Bevölkerungsgruppen haben hier unterschiedlich stark und schnell Zugang gefunden. Die unten stehende Tabelle zeigt diese Entwicklung von 1997 bis 2012 für verschiedene Bevölkerungs- und Altersgruppen in Deutschland.

Soziodemografie der Onlinenutzer					
	1997	**2000**	**2005**	**2010**	**2012**
Gesamt	6,5	28,6	57,9	69,4	75,9
Geschlecht					
Männlich	10,0	36,6	67,5	75,5	81,5
Weiblich	3,3	21,3	49,1	63,3	70,5
Alter in Jahren					
14-29	6,3	48,5	95,7	100,0	100,0
20-29	13,0	54,6	85,6	98,4	98,6
30-39	12,4	41,1	79,9	89,9	97,6
40-49	7,7	32,3	71,0	81,9	89,4
50-59	3,0	22,1	56,5	68,9	76,8
60 und älter	0,2	4,4	18,4	28,2	39,2
Berufstätigkeit					
In Ausbildung	15,1	58,5	97,4	100,0	100,0
Berufstätig	9,1	38,4	77,1	82,4	90,7
Rentner/nicht berufstätig	0,5	6,8	26,3	36,4	44,7
Quelle: ARD-Online-Studie 1997, ARD/ZDF-Online Studien 2000-2012					

Welche Aussage(n) lässt/lassen sich ableisten?

a) Von 1997 bis 2000 hat sich die Zahl der Internetnutzer in Deutschland mehr als vervierfacht.
b) Ab 2005 näherte sich der Prozentsatz der Personen in Ausbildung in Sachen Internetnutzung den 100% an.
c) Die Altersgruppe der 20-29-Jährigen war durchgehend die dominante Gruppe in Sachen Internetnutzung.
d) Die Gruppe der Rentner erreicht kein höheres Onlinenutzungslevel als 50%.

64. Zusammenhang zwischen Einkommen und prosozialem Verhalten

Leiten Sie anhand der Tabelle ab, ob ein Zusammenhang zwischen dem Einkommen (E) und dem Ausmaß an prosozialem Verhalten (PV) besteht. Das prosoziale Verhalten wurde mittels eines standardisierten Fragebogens erhoben, für den durch Aufsummierung der Antworten ein Testwert PV berechnet wurde. Hohe Werte im Fragebogen sind ein Hinweis auf eine hohe Bereitschaft zu prosozialem Verhalten.

	Variable	
Person	E	PV
1	2ooo	3
2	5000	6
3	1000	2
4	3000	4
5	6000	7

Welche Aussage(n) ist/ sind richtig?

a) Es besteht ein positiver Zusammenhang zwischen Einkommen und prosozialem Verhalten.
b) Die Höhe des Einkommens bestimmt die Bereitschaft einer Person, sich prosozial zu verhalten.
c) Mittels der Tabelle ist es nicht möglich festzustellen, in welche Richtung der Zusammenhang geht.
d) Personen mit einem Einkommen von E=1000 zeigen weniger prosoziales Verhalten als Personen mit einem Einkommen von E= 6000.

65. Antwortmuster

Zur Evaluation des Schwierigkeitsgrades der Prüfung „Klinische Psychologie und Gesundheitspsychologie“ erstellen die StudienassistentInnen eine Tabelle, welche die Antwortmuster abbildet mit derer Hilfe sie leicht die Lösungshäufigkeiten der Prüfungsfragen ablesen können. Der Wert eins bedeutet, dass die Frage richtig gelöst wurde.
Die Prüfung bestand aus drei offenen Fragen, die wie folgt von den Studierenden gelöst wurden:

Muster	000	100	010	001	110	101	011	111
f(x)	23	17	12	1	5	34	2	18

a) Nur eine Person hat Frage 3 richtig gelöst.
b) Es haben 30 StudentInnen nur eine Frage richtig gelöst.
c) Die erste Frage wurde von 74 StudentInnen richtig gelöst.
d) Frage 1 und 3 wurde gleichzeitig von 34 StudentInnen richtig gelöst.

66. Häufigkeiten von verheirateten Paaren mit Kindern

Die Form des familiären Zusammenlebens erfährt in den letzten 20 Jahren einen Wandel. Dabei wurde festgestellt, dass der Anteil verheirateter Paare mit Kindern im Vergleich zu früher gesunken ist. In untenstehender Tabelle wurde bei verheirateten Paaren die Anzahl der Kinder erfragt. Dabei erhielt man folgendes Ergebnis:

Anzahl der Kinder	0	1	2	3	4	5	6	7
Absolute Häufigkeiten	22	31	22	13	7	3	0	2

Welche Aussage(n) ist/ sind richtig?

a) Es wurden 100 verheiratete Paare befragt.
b) Mehr als die Hälfte der befragten Paare hat höchstens ein Kind.
c) Mehr als die Hälfte der befragten Paare hat mindestens ein Kind.
d) Alle befragten Paare zusammen haben 160 Kinder.

67. Gesundheitsverhalten von RaucherInnen

Um das subjektive Gesundheitsverhalten von RaucherInnen näher zu betrachten, wurde eine Untersuchung an 28 ProbandInnen durchgeführt. Die Variable „Gesundheit“ wurde mittels eines standardisierten Fragebogens erhoben, für den durch Aufsummierung der Antworten ein Testwert (xj) berechnet wurde. Unten sehen Sie einen Ausschnitt der resultierenden Häufigkeitstabelle.

xj	Häufigkeit
20	3
21	5
22	6
23	8
24	4
25	2
Summe	28

Welche Aussage(n) trifft/ treffen unter Berücksichtigung der Tabelle zu?

a) Einen Testwert von 21 zeigen 21.4% der ProbandInnen.
b) Einen Testwert von 21 zeigen 17.9% der ProbandInnen.
c) 50% der ProbandInnen zeigen einen Testwert von unter 22.
d) 50% der ProbandInnen zeigen einen Testwert von über 22.

68. Entwicklung der Aktie

Betrachtet man den Verlauf der Aktie des Pharmaunternehmens „Heile Welt“, so lässt sich in den letzten 5 Jahren folgende Entwicklung feststellen:

Jahr	Veränderung *
2006	-1.5
2007	-2.1
2008	-0.2
2009	-3.7
2010	-15.1

*Veränderung des Wertes der Aktie in %
(bezugnehmend auf das jeweilige Vorjahr)

Welche Aussage(n) trifft/ treffen unter Berücksichtigung der Tabelle zu?

a) In den Jahren 2008- 2010 konnte ein durchschnittlicher Verlust von 19% vermerkt werden.
b) In den Jahren 2008- 2010 konnte ein durchschnittlicher Verlust von 6.3% vermerkt werden.
c) In den Jahren 2008- 2010 konnte ein durchschnittlicher Verlust von -19% vermerkt werden.
d) In den Jahren 2008- 2010 konnte ein durchschnittlicher Verlust von -15.1% vermerkt werden.

69. Einstellung zu prosozialem Verhalten

Im Rahmen einer Untersuchung zu Solidarität im Alltag wurde die Einstellung zu prosozialem Verhalten (xj) mittels eines standardisierten Fragebogens erhoben. Doch leider sind einige Werte verloren gegangen, weshalb die unten abgebildete Häufigkeitstabelle unvollständig ist.

Xj	abs. Häufigkeit	relative Häufigkeit
25	1	3.6
45	?	17.9
47	2	7.1
49	3	10.7
50	4	?
51	2	7.1
52	3	?
53	3	10.7
55	2	?
56	1	3.6
57	2	7.1
Summe	28	100.0

Welche(r) Wert(e) ist/sind unter Berücksichtig der Tabelle richtig?

a) Einen Testwert von 55 zeigen 7.1% der Probanden.
b) Einen Testwert von 52 zeigen 10.7 Probanden.
c) Einen Testwert von 50 zeigen 18% der Probanden.
d) Einen Testwert von 45 zeigen 6 Probanden.

70. Handybesitzer

Im Zuge einer kleinen Untersuchung zur Verbreitung von Mobiltelefonen in Österreich wurden Passanten (N= 12) an der Mariahilferstraße gefragt, ob sie ein oder mehrere Handys besitzen. Die Antworten sind in der Tabelle abzulesen.

Anzahl Handys	Anzahl Personen
0	2
1	6
2	2
> 2	2

Welche Aussage(n) ist/sind richtig?

a) Über 80% der befragten Personen besitzen mindestens ein Handy.
b) Es besitzen weniger als 20% der befragten Personen kein Handy.
c) Es besitzen 60% der befragten Personen ein Handy.
d) Es besitzen 20% der befragten Personen mehr als zwei Handys.

STOCHASTIK

71. Irrgarten

Eine Ratte wird an den Startpunkt eines Irrgartens gesetzt und muss 5 Weggabelungen erfolgreich passieren, um ans Ziel zu gelangen, wo die Ratte mit Futter für das erfolgreiche Passieren des Labyrinthes belohnt wird. Die Belohnung mit Futter bezeichnet man in der operanten Konditionierung als Verstärkung und soll dazu führen, dass die Ratte den Weg ans Ziel schneller „lernt". Angenommen es gibt nur einen richtigen Weg bis ans Ziel. Bei der ersten Weggabelung gibt es 2, bei der zweiten 3, bei der dritten 3, bei der vierten 2 und bei der letzten ebenfalls 2 mögliche Wege, zwischen denen die Ratte wählen kann. Wie hoch ist die Wahrscheinlichkeit, dass die Ratte beim ersten Versuch zufällig ans Ziel findet?

a) p= 1/54
b) p= 1/72
c) p= 0,019
d) p= 1,4

72. Münze, Würfel und Karte

Werden n voneinander unabhängige (ev. verschiedene) Zufallsexperimente durchgeführt und besteht das
1. Zufallsexperiment aus k1 möglichen (Elementar)-Ereignissen und das
2. Zufallsexperiment aus k2 möglichen (Elementar)-Ereignissen
...... und das n. Zufallsexperiment aus kn möglichen (Elementar)-Ereignissen dann sind k1 * k2 * ..... * kn die möglichen verschiedenen Ereignisvariationen.

Wie hoch ist die Wahrscheinlichkeit, mit einer Münze „Kopf" und mit einem Würfel die Augensumme „Vier" und aus 32 Karten das „Pik As" zu ziehen?

a) Die Wahrscheinlichkeit liegt bei 0,26%.
b) p= 1/384
c) p= 1/57
d) p= 0,018

73. Dichotomes Antwortformat

Mit der Variationsregel lässt sich die Wahrscheinlichkeit bestimmter Ereigniskombinationen von gleichwahrscheinlichen Elementarereignissen ermitteln, und erleichtert die mühsame Zählarbeit von Anzahl der Günstigen bzw. Möglichen. In der Testtheorie bezeichnet man ein Antwortformat als dichotom, wenn lediglich zwei Antwortmöglichkeiten vorgegeben sind, zum Beispiel „Ja“ und „Nein“. Im Gegensatz dazu werden auch mehrfach gestufte (polytome) Antwortformate verwendet, zum Beispiel „nie“, „selten“, „manchmal“, „oft“ und „immer“.
Angenommen Sie konzipieren einen Fragebogen, wie hoch ist die Wahrscheinlichkeit bei einem Fragebogen mit dichotomen Antwortformat und 10 Fragen die Antwortfolge
„Ja“ „Ja“ „Ja“ „Nein“ „Ja“ „Nein“ „Nein“ „Ja“ „Nein“ Ja“ zu erhalten, wenn ein Proband die Antworten zufällig ankreuzt?

a) 60%
b) p= 0,66
c) 6:4
d) 1/1024

74. Nummerierte Kugeln

Die Permutationsregel ohne Wiederholung besagt, dass n verschiedene Objekte in n!= n*(n-1)*(n-2).....*2*1 verschiedenen Reihenfolgen angeordnet sein können. Aus einer Urne, in welcher sich 5 Kugeln befinden, sollen diese 5 Kugeln hintereinander ohne Zurücklegen entnommen werden. Die Kugeln haben Nummern von 1 bis 5. Wie hoch ist die Wahrscheinlichkeit, dass die Kugeln exakt nach der Reihenfolge ihres Zahlenwertes gezogen werden, beginnend mit der Eins?

a) 1/5
b) $(1/5)^5$
c) 1/120
d) 0,000083

75. Tennisdoppel

Die Permutationsregel mit Wiederholung besagt, dass wenn man aus n verschiedenen Objekten zufällig auswählt und man hierbei die Reihenfolge außer acht lässt, sich für k Objekte $\binom{n}{k} = \frac{n!}{k!(n-k)!}$ mögliche Kombinationen ergeben.

Angenommen Sie wollen ein Tennisdoppel spielen und es stehen 7 SpielerInnen (Anja, Barbara, Tanja, Sophie, Max, Theo, Klaus) zur Auswahl, wie hoch ist die Wahrscheinlichkeit, dass Sophie und Max zufällig als Duo gezogen werden?

a) 1/21
b) 2/7
c) 21%
d) 7%

76. Probanden ziehen

Wählt man aus n verschiedenen Objekten k zufällig mit einer bestimmten Reihenfolge aus, ergeben sich für k Objekte $\frac{n!}{(n-k)!}$ mögliche Kombinationen der Objekte k. Wie hoch ist die Wahrscheinlichkeit, aus 6 Probanden drei zufällig in der bestimmten Reihenfolge „Proband 2, Proband 4, Proband 1“ zu ziehen?

a) 50%
b) ¼
c) 1/120
d) 12,5%

77. Rehaklinik

Sollen n Objekte in k Gruppen der Größe $n_1, n_2, \ldots n_k$ eingeteilt werden (wobei $n = n_1, n_2, \ldots n_k$), ergeben sich $\frac{n!}{n_1!*n_2!*\ldots*n_k!}$ mögliche Kombinationen. Angenommen eine psychosomatische Rehaklinik hat auf einem Stockwerk zwei 3-Bettzimmer und ein 4-Bettzimmer, wie viele mögliche Kombinationen der Zimmerbelegung ergeben sich bei 10 stationären PatientInnen?

a) 360
b) 4200
c) 10
d) 864

78. Ergebnisraum

Die Menge aller möglichen Ausgänge in einem Zufallsexperiment heißt Ergebnisraum Ω. Die einzelnen Elemente von Ω heißen Ergebnisse: $\Omega = \{\omega_1; \omega_2; \ldots; \omega^n\}$. Die Anzahl der Ergebnisse in einer Menge heißt Mächtigkeit. Man schreibt dafür $|\Omega| = n$.
In der folgenden Tabelle sind beispielhaft einige Zufallsexperimente mit den entsprechenden Ergebnisräumen angeführt. Prüfen Sie deren Richtigkeit!

Zufallsexperiment	**Ergebnisraum Ω**	**Mächtigkeit n**
a) Münzwurf	{Kopf; Zahl}	2
b) Geburt	{männlich; weiblich}	2
c) Fußballspiel	{Sieg; Niederlage}	2
d) Würfeln	{1; 2; …; 6}	6

79. Gemeinsames Referat

Die Menge aller möglichen Ausgänge in einem Zufallsexperiment heißt Ergebnisraum Ω. Die einzelnen Elemente von Ω heißen Ergebnisse: Ω= {ω_1; ω_2; ....; ω^n }. Die Anzahl der Ergebnisse in einer Menge heißt Mächtigkeit. Man schreibt dafür |Ω| = n.
Von 5 SchülerInnen (A, B, C, D, E) werden 2 für ein gemeinsames Referat ausgewählt. Bestimmen Sie den Ergebnisraum und dessen Mächtigkeit.

a) Ω= {AB; AC; AD; AE; BA; BC; BD; BE; CA; CB; CD; CE; EA; EB; EC; ED}; |Ω| = 16
b) Ω= {AB; AC; AD; AE; BC; BD; BE; CD; CE; DE}; |Ω| = 10
c) Ω= {AA; AB; AC; AD; AE; BA; BB; BC; BD; BE; CA; CB; CC; CD; CE; EA; EB; EC; ED; EE}; |Ω| = 20
d) Ω= {AB; AC; AD; AE; BA; BC; BD; BE; CA; CB; CD; CE; DA; DB; DC; DE; EA; EB; EC; ED}; |Ω| = 20

80. Platzvergabe

Im Statistikseminar sind noch zehn Plätze frei als die letzten fünf Studierenden zur ersten Einheit erscheinen. Welche Aussagen sind möglich?

a) Es gibt 10x5=50 Kombinationsmöglichkeiten, wie sich die Studierenden setzen können.
b) Es gibt 10x5x4x3x2x1=1200 Möglichkeiten, die Plätze zu besetzen.
c) Es gibt 10!/5! Möglichkeiten, die Plätze zu besetzen.
d) Es gibt 10x9x8x7x6=30240 Kombinationsmöglichkeiten, wie sich die Studierenden setzen können.

81. Hochzeitstanz

Bei einer Hochzeit wird getanzt. Vier Paare nehmen teil, die Tanzpartner werden immer wieder gewechselt. Angenommen ein Tänzer möchte mit jeder Tänzerin einmal tanzen, aber nicht zweimal mit derselben. Welche Aussagen können getroffen werden?

a) Der Tänzer hat 24 Kombinationsmöglichkeiten was die Reihenfolge seiner Tanzpartnerinnen betrifft.
b) Wenn alle Tänzerinnen nur jeweils einmal mit demselben Tanzpartner tanzen wollen, ist der Tanz nach vier Runden beendet.
c) Wenn die Tänzer auch gleichgeschlechtlich tanzen, dauert der Tanz hingegen sieben Runden.
d) Ein Tänzer, der auch gleichgeschlechtlich tanzt, hat 12 Kombinationsmöglichkeiten was die Reihenfolge seiner Tanzpartnerinnen betrifft.

82. Das Kartenspiel

Bei einer Gedächtnisübung wird aus einem Stapel mit N=10 Spielkarten sechsmal jeweils eine gezogen und gezeigt, dann notiert und wieder zurückgelegt. Welche Aussage(n) ist/sind möglich?

a) Es entsteht eine Liste aus sechs verschiedenen Spielkarten.
b) Es sind 10^6=1000000 verschiedene Kombinationen für die Kartenreihenfolge möglich.
c) Mit jedem Zug verringert sich die Anzahl der noch ziehbaren Karten um N-1.
d) Die Wahrscheinlichkeit, dass dieselbe Karte zweimal in die Liste eingeht, liegt bei 9/25.

83. Die Spielshow

Herr Huber nimmt an einer Spielshow im Fernsehen teil. Der Moderator präsentiert ihm drei verschlossene Tore und erklärt, während hinter zweien dieser Tore Nieten versteckt seien, verberge das dritte Tor den Hauptgewinn der Show, einen Koffer mit 1 Million Euro. Der Teilnehmer soll nun eins der Tore auswählen. Nachdem er das getan hat, öffnet der Moderator bewusst ein Nietentor. Jetzt bietet der Moderator Herrn Huber an, das Tor zu wechseln, oder bei seinem bereits gewählten Tor zu bleiben. Welche Aussagen können aufgrund dieser Situation getroffen werden?

a) Herr Huber hat größere Chancen auf den Hauptgewinn, wenn er bei seinem gewählten Tor bleibt.
b) Herr Huber hat größere Chancen auf den Hauptgewinn, wenn er das Tor wechselt.
c) Die Wahrscheinlichkeit eines Gewinns hinter dem gewählten Tor bleibt nach Wegfall des dritten Tors gleich.
d) Der Moderator bietet den Wechsel nur an weil er weiß, dass Herr Huber das richtige Tor gewählt hat.

84. Im Berufsverkehr

In einer S-Bahn in der Rush Hour befinden sich 26 Banker, 97 Kindergärtner und 15 Bauarbeiter. Zusätzlich steigen pro Station weitere zehn Leute zu. Als der Zug die nächste Station erreicht, steht ein Herr in Arbeitsoverall und Sicherheitsschuhen auf und verlässt den Zug. Welche Aussagen können getroffen werden?

a) Der Herr ist wahrscheinlich Kindergärtner.
b) Es befindet sich nun ein Bauarbeiter weniger im Zug.
c) Im Zug befinden sich nach Verlassen der Station 147 Menschen.
d) Der Herr ist wahrscheinlich Bauarbeiter.

85. Prüfungsantworten

Ein Teil der Prüfung „Statistik der Psychologie 1" besteht aus 5 Aussagen. Wenn eine Aussage als richtig befunden wird, muss sie angekreuzt werden. Wenn sie als falsch befunden wird, wird sie nicht angekreuzt. Michael hat sich nicht auf die Prüfung vorbereitet und kreuzt die Aussagen deshalb zufällig an.
Wie groß ist die Wahrscheinlichkeit, dass Michael nur durch zufälliges Ankreuzen alle 5 Aussagen korrekt beantwortet?

a) 1/2
b) 1/32
c) 1/5
d) 1/25

86. Psychtherapierichtungen

Herr Petz leidet an einer Somatisierungsstörung. Lange Zeit suchte er zahlreiche Ärzte auf, um seinen Beschwerden entgegenzuwirken. Diese konnten jedoch keine Ursache für seine Symptome feststellen, bis er schließlich die Diagnose einer Somatisierungsstörung erhielt. Ihm wurde eine Psychotherapie empfohlen und eine Liste von 23 Psychotherapeuten mitgegeben. Jeder Psychotherapeut der Liste gehört einer anderen Psychotherapierichtung an, so dass alle 23 in Österreich anerkannten Psychotherapierichtungen abgedeckt sind. Diese lassen sich in 4 große Schulen einteilen: Die Tiefenpsychologisch-psychodynamische Orientierung mit 12 zugehörigen Psychotherapierichtungen, die humanistisch-existenzielle Orientierung mit 8 zugehörigen Psychotherapierichtungen, die systemische Orientierung mit 2 zugehörigen Psychotherapierichtungen sowie die verhaltenstherapeutische Orientierung mit lediglich einer zugehörigen Psychotherapierichtung. Aufgrund seiner Vorgeschichte werden ihm 2 Psychotherapierichtungen vorgeschlagen, von denen er eine beginnen soll. Leider vergisst Herr Petz, sich die 2 vorgeschlagenen Psychotherapierichtungen zu merken. Er erinnert sich jedoch, dass beide Psychotherapierichtungen der tiefenpsychologisch-psychodynamischen Orientierung unterzuordnen sind.
Wie hoch ist die Wahrscheinlichkeit, dass er anhand der vorhandenen Informationen unter den aufgelisteten Psychotherapeuten einen Psychotherapeuten kontaktiert, welcher einer der beiden vorgeschlagenen Psychotherapierichtungen angehört?

a) 1/6
b) 1/23
c) 1/12
d) 1/4

87. Merkfähigkeit

Die Merkfähigkeit der Bevölkerung ist normalverteilt. Sie kann durch psychologisch-diagnostische Verfahren gemessen und beispielsweise in T-Werten angegeben werden. T-Werte reichen von einem T-Wert von 20 bis zu einem T-Wert von 80. 50 % der Bevölkerung besitzen einen T-Wert von T=43-57, dies bildet den Durchschnittsbereich. 25 % der Bevölkerung weisen einen T-Wert von T<43 auf und stellen den unterdurchschnittlichen Bereich dar. Weitere 25 % der Bevölkerung stellen mit einem T-Wert von T>57 den überdurchschnittlichen Bereich dar. Frau Baumgartner weist eine Merkfähigkeit von T=60 auf. Die Merkfähigkeit ihrer Schwägerin wird ebenfalls erfasst.

Was lässt sich über die Wahrscheinlichkeit des T-Werts für die Merkfähigkeit von Frau Baumgartners Schwägerin ableiten?

a) T>57 ist wahrscheinlicher als T=43-57.
b) T<43 ist wahrscheinlicher als T=43-57.
c) T<43 und T>57 sind gleich wahrscheinlich.
d) Jeder T-Wert ist gleich wahrscheinlich.

88. Aufteilung des Publikums

In einem Vortrag über „Betriebsmanagement und Führung in Organisationen" wurden 400 Personen unterschiedlicher Fachbereiche geladen. Zu Beginn des Events sitzen 160 PsychologInnen, 100 BetriebswirtInnen und 40 JuristInnen im Saal. In der Pause nehmen zusätzliche 10 Personen ihren Sitzplatz ein.

Welche Aussage(n) trifft/treffen zu?

a) 1/10 der zum Event eingeladenen Personen sind JuristInnen.
b) Die meisten der zu spät kommenden Personen sind mit größerer Wahrscheinlichkeit PsychologInnen oder BetriebswirtInnen als JuristInnen.
c) Vor der Pause sind 1/3 der BesucherInnen BetriebswirtInnen.
d) 90 der ursprünglich eingeladenen Personen sind zum Event nicht erschienen.

89. Ziehen einer Karte

Ein Kartendeck besteht aus 13 Karten (Ass, König, Dame, Junge, 10, 9, 8, 7, 6, 5, 4, 3, 2) zu je 4 Symbolen (Karo, Pik, Herz, Kreuz), also insgesamt aus 52 Karten.
Sie wollen aus dem Kartendeck zufällig eine ausgewählte Karte ziehen. Nach dem Ziehen der Karten wird diese in das Deck zurückgelegt.

Welche Aussage(n) trifft/treffen zu?

a) Die Wahrscheinlichkeit, ein Ass oder einen König zu ziehen, beträgt 2/13.
b) Würde man 3 Asse und 1 König aus dem Deck entfernen (und diese auch für die nächste Runde nicht mehr ins Deck zurücklegen), so macht die Wahrscheinlichkeit, in der nächsten Runde ein Ass, einen König oder eine Dame zu ziehen 1/6 aus.
c) Die Wahrscheinlichkeit, in 2 aufeinander folgenden Runden jeweils ein Kreuz-Ass zu ziehen, beträgt 2/52.
d) Will man einen König, eine Dame oder einen Jungen mit den Symbolen Karo, Pik oder Herz ziehen beträgt die Wahrscheinlichkeit 9/52.

90. TeilnehmerInnen bei einem Gruppengespräch

Sie führen als PsychologIn ein Gruppengespräch über „Stressmanagement während Gruppenkonflikten" durch. Aus früheren Sitzungen wurden Statistiken erstellt, die besagen, dass ungefähr 40% der TeilnehmerInnen aus dem Bereich der Sozialwissenschaften stammen, 30% aus dem Bereich der Wirtschaft, 15% aus dem Bereich der Rechtswissenschaft und 10% aus dem Bereich der Naturwissenschaft. 5% der teilnehmenden Personen waren bei der Anmeldung zu dem Gruppenmeeting als arbeitslos gemeldet. 60% der TeilnehmerInnen waren bisher männlich, 40% weiblich.

Als letzter der diesmal 40 teilnehmenden Personen erscheint ein Herr in schmutziger Jeans und eingerissenem T-Shirt.

Welche Aussage(n) trifft/treffen zu, wenn man von den bisher aufgestellten Statistiken über die TeilnehmerInnen ausgeht?

a) Bei der zuletzt eintreffenden Person handelt es sich am wahrscheinlichsten um einen der als arbeitslos gemeldeten Personen.
b) Da die Thematik des Gruppengesprächs für den Wirtschaftsbereich (zB: bei Konflikten innerhalb Teams eines Unternehmens) sehr bedeutend ist, kommt der größte Anteil der TeilnehmerInnen aus der Wirtschaft.
c) Wendet man die oben beschriebenen Statistiken direkt auf die aktuellen 40 TeilnehmerInnen an, so sind 10 von ihnen männliche Sozialwissenschaftler.
d) Geht man davon aus, dass die 60:40 Verteilung bezüglich Geschlechter auch dieses Mal zutrifft, so sind bei der aktuellen Sitzung 16 Frauen anwesend.

91. Augenzahlkombinationen bei 2 Würfeln

Zur Veranschaulichung der Themenbereiche Wahrscheinlichkeitstheorie und Stochastik hat der Statistik-Professor zwei Würfel mit in die Vorlesung genommen. Er erklärt: „Wenn ich nun mit den beiden verschiedenen Würfeln gleichzeitig würfle, sind folgende Augenzahlkombinationen möglich":

(1, 1)	(2, 1)	(3, 1)	(4, 1)	(5, 1)	(6, 1)
(1, 2)	(2, 2)	(3, 2)	(4, 2)	(5, 2)	(6, 2)
(1, 3)	(2, 3)	(3, 3)	(4, 3)	(5, 3)	(6, 3)
(1, 4)	(2, 4)	(3, 4)	(4, 4)	(5, 4)	(6, 4)
(1, 5)	(2, 5)	(3, 5)	(4, 5)	(5, 5)	(6, 5)
(1, 6)	(2, 6)	(3, 6)	(4, 6)	(5, 6)	(6, 6)

Die erste Zahl in der Klammer steht dabei immer für die gewürfelte Augenzahl des ersten Würfels, die zweite Zahl für die gewürfelte Augenzahl des zweiten Würfels.

Bitte bewerten Sie die folgenden Aussagen nach ihrer Wahrheit:

a) Die Wahrscheinlichkeit, mit beiden Würfeln eine Augensumme von 9 zu erhalten, beträgt 1/9.
b) Die Wahrscheinlichkeit, eine Augensumme von mindestens 2 zu würfeln, beträgt 100%.
c) Die Wahrscheinlichkeit, mit beiden Würfeln eine Augensumme von mindestens 10 zu erhalten, beträgt 1/6.
d) Die Wahrscheinlichkeit, mit beiden Würfeln eine Augensumme von maximal 3 zu würfeln, ist geringer als die Wahrscheinlichkeit, mit beiden Würfeln eine Augensumme von minimal 11 zu würfeln.

92. Gewinnspiel mit Ziehung von Kugeln aus einer Urne

Bei einem Gewinnspiel wird eine Urne mit 10 Kugeln präsentiert. Die Kugeln tragen die Nummern 0 bis 9. In 5 Durchgängen wird jeweils eine Kugel aus der Urne entnommen und deren Nummer notiert. Die Kugel wird nach der Ziehung wieder in die Urne zurückgelegt. Hauptgewinner des Gewinnspiels ist derjenige, der alle 5 Zahlen der Ziehung richtig errät.

Welche Aussage(n) trifft/treffen auf das Gewinnspiel zu?

a) Die Wahrscheinlichkeit, dass die zwei Kugeln mit den Nummern 0 und 1 direkt hintereinander gezogen werden, beträgt 1%.
b) Die Wahrscheinlichkeit, dass die Kugeln mit den Nummern 0 und 1 direkt hintereinander gezogen werden, beträgt 2/10.
c) Es sind 10^5 = 100.000 verschiedene Kombinationen für die Ziehung der 5 Kugeln möglich.
d) Es sind 10*9*8*7*6 = 30.240 verschiedene Kombinationen für die Ziehung der 5 Kugeln möglich.

93. Wortspiel

Das Alphabet umfasst im heutigen standardisierten Gebrauch die 26 Grundbuchstaben des lateinischen Alphabets zuzüglich der drei Umlaute (Ä, Ö, Ü). In Deutschland, Österreich und Luxemburg sowie den deutschsprachigen Minderheiten in Belgien, Dänemark (Nordschleswig), Italien (Südtirol) und Polen (Oberschlesien) kommt das Eszett (ß) (auch *„scharfes S“* genannt) hinzu, in der Schweiz und in Liechtenstein jedoch nicht mehr.
Quelle: wikipedia.at

Wie viele "Wörter" können gebildet werden, wenn nur auf Basis der Umlaute und dem Eszett 3 Buchstaben unter Beachtung der Reihenfolge und mit Wiederholung gewählt werden?

a) 32
b) 64
c) 24
d) 12

94. Hochzeitsfeier

Gemäß der Tradition ist letztendlich der Trauzeuge für die Hochzeitsrede verantwortlich. Dieser, der Vater der Braut und der frischgebackene Ehemann sind die ersten Redner und der Trauzeuge muss sich um den richtigen Start kümmern. Das Brautpaar sollte den Zeitpunkt der Reden vorab festlegen und diese anschließend mit dem Trauzeugen besprechen. Während der Feier erhebt er sein Glas und steht auf, um seine Ansprache zu beginnen und auf das Hochzeitspaar anzustoßen.
Quelle: traumhochzeit.de

Wie oft erklingen die Gläser, wenn bei 5 Personen jeder mit jedem einmal anstoßt?

a) 40
b) 100
c) 20
d) 50

ARBEITEN MIT FORMELN/PROZENTRECHNUNGEN

95.

Angenommen wir haben folgende Formel: δ= 3.F/X.C
Wie lautet die richtige Umwandlung der Formel für C?

a) C= (3.F/X).δ
b) C= 3.F. δ /X
c) C= 3.F/X δ
d) C= 3.X/F.δ

96.

Angenommen wir haben folgende Formel: V= K.((x.y)/z²)
Wie lautet die richtige Umwandlung der Formel für x?

a) x= (V.z²)/(K.y)
b) x= √(V/y)/(K.z)
c) x= V.z².y/K
d) x= (V-K)/(y.z²)

97.

Die relative Häufigkeit, rj, ist der Quotient:

$$\frac{\text{absolute Häufigkeit}}{\text{Anzahl der Personen}} = \frac{fj}{n}$$

Es gilt stets: Es können nur Werte zwischen 0 und 1 vorkommen; die Summe der relativen Häufigkeiten für alle j = 1, ….., k verschiedenen Ausprägungen beträgt 1.

$$\sum_{j=1}^{k} r_j = 1$$

Angenommen es sind insgesamt 7 relative Häufigkeiten gegeben und r_1= ,0046, r_2= ,032, r_3= ,49, r_4= ,087, r_5= ,22, r_7= ,08, wie groß ist die relative Häufigkeit für r_6?

a) ,0558
b) ,0683
c) ,0774
d) ,0864

98. Wirkstoff

Angenommen eine 50mg- Tablette eines Antidepressivums enthält 2,5mg des Wirkstoffes Escitalopram-Oxalat. Wie viel Prozent des Gewichtes der Tablette macht Escitalopram-Oxalat aus?

a) 5%
b) 15%
c) 7,5%
d) 2,5%

99. Qualitätsmanagement

Beim Qualitätsmanagement einer Psychopharmakaproduktion wird festgestellt, dass 45 Packungen, das entspricht 7,5% der Produktion pro Minute, fehlerhaft sind. Wie viele Packungen werden pro Stunde hergestellt?

a) 72000
b) 18000
c) 36000
d) 144000

100. Sparen

Sie versuchen eine bestimmte Summe anzusparen, um Ihre Praxis mit psychologischen Tests aufrüsten zu können. Dazu überweisen Sie 346,50 pro Monat per Dauerauftrag a uf ein Onlinesparbuch. Der Betrag des Dauerauftrages entspricht 18 Prozent Ihres Nettomonatseinkommens. Wie hoch ist dieses Nettomonatseinkommen?

a) 1665
b) 1925
c) 2145
d) 2235

LÖSUNGEN

Diagramme

1. Psychologiestudierende nach Herkunftsländer
a) Falsch; Dies trifft nur für österreichische und deutsche BewerberInnen für den Bachelorstudiengang zu. Die Grafik beinhaltet keine Informationen zu den anderen Herkunftsländern sowie zum Master-, Diplom- oder Doktoratsstudium der Psychologie.
b) Richtig; Dies lässt sich direkt an der linken Grafik ablesen.
c) Richtig; Die Quote beträgt 153/36= 4,25.
d) Richtig; Saison 2010/11: 745/1436 ~ 0,5; Saison 2013/14: 462/1765 ~ 0,25

2. Punktwolken
a) Richtig; Bei allen drei Abbildungen zeigt sich eine gemeinsame Variation der beiden Variablen. Abbildung C hingegen ist sehr breit gestreut und weist auf einen fehlenden Zusammenhang hin.
b) Falsch; Während Abbildung D durchaus einen Zusammenhang aufweist, fehlt dieser bei Abbildung C eindeutig, was durch die breite Streuung der Einzelpunkte sichtbar wird.
c) Richtig; Die Abbildung zeigt deutlich einen gemeinsamen Anstieg der X- und Y-Achsenwerte, daher handelt es sich um einen positiven Zusammenhang.
d) Richtig; Die breite Streuung von Abbildung C ist ein eindeutiger Hinweis auf einen fehlenden Zusammenhang.

3. ABAB-Design
a) Falsch; Da sich die Merkmalsausprägung analog zur Therapiegabe verändert, ist anzunehmen, dass der Effekt auf die Therapie zurückzuführen ist.
b) Richtig; Die Therapie scheint zu einer Milderung des Merkmals zu führen. Wird die Therapie ausgesetzt, steigt es wieder an.
c) Falsch; Das Merkmal steigt zwar wieder an, setzt aber bei 5 ein, während der niedrigste Punkt der Ausgangsphase bei 9 liegt. Erst nach gewisser Zeit erreicht es wieder das ursprüngliche Level.
d) Falsch; Das Stresslevel variiert mit der Therapiegabe.

4. Suizidraten und Saisonalität
a) Falsch; Da es sich um standardisierte Werte handelt, können keine absoluten Zahlen abgeleitet werden. Darüber hinaus wurden die Monate über zehn Jahre hinweg aggregiert.
b) Falsch; Berechnet man den Mittelwert pro Geschlecht (Summe aller Monate / 12), so kommen beide Geschlechter auf folgende Quoten: Frauen 99,8 und Männer 91,75. Somit liegt die Quote der Frauen zwar höher, allerdings nicht um das 1,5-fache.
c) Richtig; eindeutig aus dem Diagramm abzulesen und sicher eine interessante Erkenntnis aus den Daten.
d) Falsch; Entgegen der weitläufigen Annahme weisen die Wintermonate hier nicht die höchsten Werte auf.

5. Psychopharmaka
a) Falsch; Die Menge der verschriebenen Antidepressiva hat sich mehr als verdoppelt. Dies heißt aber noch nicht, dass sich die Anzahl der Menschen mit Depressionen verdoppelt hat. Beispielsweise werden Antidepressiva auch gegen andere Störungen eingesetzt, außerdem können auch allerlei andere Gründe für diesen Anstieg verantwortlich sein. In der Grafik gibt es keinen Hinweis auf einen Anstieg der Anzahl an Depressionspatienten.
b) Falsch; es können keine Angaben über einzelne Jahre aus dem Diagramm entnommen werden. Zulässig ist lediglich eine Aussage über den Verlauf von 2000-2009. Außerdem gab es in der Hälfte des erfassten Zeitraumes eine kurzfristige Steigerung.
c) Richtig; Die Enden der Graphen repräsentieren jeweils die verschriebenen Tagesdosen im Jahr 2009, daraus ergeben sich folgende Quoten:
Antidepressiva: 752 Mio. Umsatz : 1030 definierte Tagesdosen (2009) = 730 097,087 Umsatz/ definierter Tagesdosis. Gerundet: 752:1000= 0,75 Mio
Neuroleptika: 1067 Mio. Umsatz : 300 definierte Tagesdosen (2009) = 3 556 666,67 Umsatz / definierter Tagesdosis. Gerundet: 1000: 300= 333 Mio
Beruhigungsmittel: 89 Mio. Umsatz : 100 definierte Tagesdosen (2009) = 890 000 Umsatz / definierter Tagesdosis. Gerundet: 89: 100= 0,89 Mio
d) Richtig; dies lässt sich leicht am Graphen erkennen.

6. Verteilung des Intelligenzquotienten

a) Richtig; 68,2% liegen mit ihrem IQ zwischen 85 und 115, also im Durchschnitt.

b) Richtig; Addiert man die Menschen mit IQ ab 130 und 145, so ergeben sich 2,2%.

c) Richtig; Die drei Segmente des unterdurchschnittlichen Bereichs ergeben zusammen eine Menge von 15,8%.

d) Richtig; IQ > 115 entspricht einem Prozentsatz von 15,8%, IQ 70-85 entspricht einem Prozentsatz von 13,6% .

7. Milgram-Experiment

a) Falsch; das höchste Abbruchlevel wurde von den Prognosen deutlich unterschätzt. Während diese annahmen, der letzte Testteilnehmer würde bei Stufe 300 abbrechen, war dies tatsächlich erst bei Stufe 450 der Fall.

b) Richtig; Dies lässt sich an dem Schnittpunkt der beiden Graphen mit der 50% Linie erkennen indem man vom Schnittpunkt runter auf die Schockstufenskala geht.

c) Falsch; die letzten Teilnehmer gingen bis zum höchsten Wert, also bis 450.

d) Falsch; während dies von den Prognosen angenommen wurde, brach tatsächlich kein Teilnehmer das Experiment vor Stufe 300 ab.

8. Dropouts und Retention

a) Falsch; Während bei der Buprenorphin-Gruppe tatsächlich 62% der Teilnehmer die Studie abbrachen, war dies bei der Methadon-Gruppe lediglich bei 29% der Fall.

b) Richtig; Bis Woche drei fallen die Retentionsraten gemeinsam, danach fällt diese der Buprenorphin-Gruppe steiler ab als diejenige der Methadon-Gruppe.

c) Falsch; Dargestellt sind nicht die Dropoutquouten sondern die Retentionsraten, also ihr Gegenteil. Die Retentionsraten fallen also kontinuierlich, bleiben aber ab dem letzten Viertel der Studie konstant.

d) Richtig; Während die Teilnehmer der Buprenorphin-Gruppe zu 62% abbrachen, war dies bei der Methadon-Gruppe nur bei 29% der Fall.

9. Prävalenzen

a) Falsch; Eine im Vergleich zu beispielsweise Angststörungen niedrige Prävalenz bedeutet noch nicht, dass ein Krankheitsbild nicht relevant ist. Die Magersucht geht beispielsweise mit der höchsten Mortalitätsrate unter psychischen Störungen einher, sodass sie keinesfalls „kein Problem mehr darstellt".

b) Richtig; Während 9,7% der Männer binnen eines Jahres an einer Angststörung leiden, ist dies bei 22,6% der Frauen der Fall – somit sind diese mehr als doppelt so häufig betroffen. Dies trifft auch auf Depressionen zu (5: 11,4).

c) Richtig; Diese Quote ergibt sich daraus, dass 1,8% der Männer jährlich an einer psychotischen Störung leiden. Entsprechend leiden die übrigen 98,2% nicht daran.

d) Richtig; Die einzigen der aufgeführten Störungen, an denen Männer häufiger erkranken als Frauen, sind die Alkoholstörungen. Bei allen anderen erkranken Frauen häufiger, teils mit großem Abstand zu den Männern.

10. Eigenschaften von Beamten

a) Falsch; Die Studie befasst sich mit der Meinung von Menschen über die Eigenschaften von Beamten, nicht mit den tatsächlichen Eigenschaften dieser.

b) Richtig; 67% der Befragten schrieben Beamten zu, hilfsbereit zu sein.

c) Falsch; Während 17% der Befragten Beamte für ungerecht halten, muss dies im Umkehrschluss noch nicht bedeuten, dass die übrigen 83% Beamte für gerecht halten. Es könnte beispielsweise Menschen geben, die sie weder für gerecht noch für ungerecht halten, sondern unentschlossen sind. Auf jeden Fall ist aus der Grafik nicht zu entnehmen, dass 83% Beamte für gerecht halten.

d) Falsch; Die Studie erfasst nicht die Selbsteinschätzung von Beamten, sondern die Fremdbeurteilung durch andere Menschen. Diese halten Beamte zu 70% für kompetent, nicht die Beamten sich selbst.

11. Body-Mass-Index

a) Falsch; Der Anteil an Frauen von 15-75 Jahren mit einem BMI<25 ist größer als jener der Männer, aber die Grafik sagt nichts darüber aus, welcher Anteil an Personen mit Untergewicht in den hellgrauen Balken (BMI<25) fällt.

b) Richtig; Die mittel- und dunkelgrauen Balken werden länger bzw. die hellgrauen (<25) werden kürzer.

c) Richtig; Es muss nur auf den mittelgrauen Balken in den jeweiligen Altersintervallen geachtet werden.

d) Falsch; Es ist nicht die Gesamtbevölkerung, sondern nur der Anteil der Gesamtbevölkerung abgebildet, die sich zwischen 15-75 Jahren befindet.

12. Mere exposure effect
a) Falsch; Das Gefallen am Lied beginnt lediglich wieder abzunehmen.
b) Falsch; Diese Aussage ist nur bis zur 10. Höreinheit gültig.
c) Falsch; Die Funktion sinkt nur nach der 10. Höreinheit.
d) Richtig; Bis zur 10. Höreinheit steigt das Gefallen mit der Anzahl an Höreinheiten und sinkt anschließend etwas ab.

13. Lernfähigkeit
a) Richtig; Die Fehleranzahl ist lediglich in drei von zehn Durchgängen gleich, in den restlichen ist die Fehleranzahl am 1. Tag durchgehend höher als jene am 2. Tag.
b) Richtig; Dies lässt sich schwierig auf den ersten Blick sagen, deshalb besser nachzählen:
Tag 2=7+1+2+5+3+1+4+6+4+2=35, Tag 3=1+2+3+4+1+2+3+2+2+3=23
c) Falsch; Dazu gibt es keine Informationen.
d) Falsch; Die Fehleranzahl nimmt nicht stetig ab, sondern schwankt nach oben und unten.

14. Diätprogramm
a) **Richtig;** Das Diätprogramm senkt das Körpergewicht, nur wird das Gewicht nach der Diät wieder zugenommen.
b) Falsch; Das psychische Wohlbefinden beginnt zwar ab der Stagnation des Gewichtes zu sinken, stagniert allerdings selbst zwischen den Wochen, weshalb es nicht streng monoton fallend ist.
c) Falsch; Das psychische Wohlbefinden sinkt bereits vor Ende des Diätprogramms.
d) Falsch; Das Körpergewicht wird in den ersten 3 Wochen der Diät stärker gesenkt als in den darauffolgenden 3 Wochen. Im psychischen Wohlbefinden lässt sich jedoch kein Unterschied zwischen der schnelleren und langsameren Gewichtsreduktion erkennen.

15. REM-Schlaf
a) Richtig; Ist in der Grafik ablesbar.
b) Richtig; Ist in der Grafik ablesbar: Der Anteil beträgt nie 0%.
c) Richtig; Ist in der Grafik ablesbar: Der Anteil liegt in der 1.Nacht nach der Deprivation über 30% und in der 2. Nacht bei über 25%.
d) Richtig; Ist in der Grafik ablesbar: Der Anteil liegt wieder im Bereich der Ausgangswerte.

16. Innere Sprache
a) Falsch; Aus den Daten geht nicht hervor, welche Arten des Datenmaterials komplexer sind als andere; es werden keine Abstufungen gegeben.
b) Falsch; Die Eingabezeit ist zwar am geringsten. Die Leistungsgüte setzt sich jedoch aus Eingabezeit und Fehleranzahl zusammen. Über die Fehleranzahl werden in der Grafik keine Angaben gemacht.
c) Richtig; Der Balken ist am höchsten, dieser gibt die Eingabezeit an.
d) Richtig; Aus dem Text geht hervor, dass eine schnelle Wiedererkennung mit einer niedrigen Eingabezeit einhergeht. Deshalb resultiert die niedrige Eingabezeit der Wörter („Englische Wörter“, „Deutsche Wörter“) aus der schnellen Wiedererkennung.

17. Flow-Modell
a) Richtig; Dieser Stressbereich wird links oben angezeigt.
b) Richtig; Der Flow-Bereich umfasst den gesamten Diagonalbereich, von niedrigen Fähigkeiten gepaart mit niedriger Herausforderung über mittlere Herausforderung gepaart mit mittleren Fähigkeiten bis hin zu hoher Herausforderung gepaart mit hohen Fähigkeit. Dieser gesamte Bereich ergibt eine optimale Beanspruchung.
c) Richtig; Dieser Stressbereich wird rechts unten angezeigt.
d) Richtig; *Siehe Lösungsweg b)*

18. Intelektuelle Reaktionsbreite
a) Falsch; Die angegebenen Personen erhalten bei einer extrem wenig anregenden Umwelt zwar den gleichen Rohwert im Intelligenztest, weichen bei den anderen Umweltdimensionen jedoch voneinander ab.
b) Falsch; Dies trifft nur auf Peter zu. Bei Carina wirkt sich eine anregende Umwelt ab einem bestimmten Grad negativ aus, bei Alexander wird erst ein gewisser Grad an Anregung benötigt, um einen positiven Effekt zu bewirken.
c) Richtig; Dies zeigt sich bei Carina; ab einem gewissen Grad an Anregung der Umwelt wirkt sich weitere Anregung bei ihr negativ aus.
d) Richtig; Die drei Personen reagieren unterschiedlich auf die verschiedenen Umweltdimensionen.

19. Entwicklung von Trennungsangst

a) Richtig; Um das 12. Lebensmonat erreicht dieser Graph das höchste Niveau von über 80%.

b) Falsch; Wenn ein Kind einmal in einer solchen Situation weint, lässt sich annehmen, dass es mit großer Wahrscheinlichkeit erneut weinen wird. Die Grafik gibt jedoch an, wie viele der Kinder weinen, wenn die Mutter den Raum verlässt.

c) Falsch; Dies sieht zwar naheliegend aus, man darf jedoch nicht außer Acht lassen, dass die Graphen bei unterschiedlichen Monaten abrupt enden. Aus der Grafik geht somit nicht hervor, wie die letzten in der Grafik angezeigten Monate verlaufen.

d) Falsch; Dies ist nur bedingt richtig, und zwar erst ab dem 14. Monat. Darunter bildet die Kultur der Antiqua, Guatemala die Spitze.

20. Arbeitsunfähigkeitsfälle &-tage

a) **Richtig**; da die beiden Werte der Arbeitsunfähigkeitswerte sowohl im Jahr 2003 als auch in 2004 bei ungefähr 101 liegen, fand hierbei keine größere Veränderung statt.

b) **Falsch**; zwar erhöhten sich die Arbeitsunfähigkeitstage seit 2006 konstant, bei den Arbeitsunfähigkeitsfällen zeigte sich jedoch im Übergang von 2012 zu 2013 eine zurückgehende Änderung (in 2013 ist der Wert niedriger als in 2012).

c) **Falsch**; da in 2007 (102) ein höherer Indexwert als in 2002 (100) bestand, ist die Aussage nicht korrekt.

d) **Richtig**; wenn man den Verlauf der Arbeitsunfähigkeitstage genauer betrachtet sieht man, dass der Graph die größten Anstiege in den Übergängen der Jahre 2006 zu 2007, 2009 zu 2010 sowie 2011 zu 2012 hat. Somit ist die Antwortalternative korrekt.

21. Veränderung der Hauptdiagnosen stationärer PatientInnen

a) Richtig; da zwischen den Balkenabschnitten von den weiblichen Patientinnen mit der Diagnose Schizophrenie zwischen den beiden Jahren keine gröbere Veränderung offensichtlich ist, sind die Anzahl an Patientinnen hierbei weitgehend gleich geblieben.

b) Falsch; als erstes sind aus dem Diagramm die Gesamtanzahl an weiblichen und männlichen PatientInnen in den Jahren 2007 und 2014 abzuschätzen: Die Gesamtanzahl weiblicher Patientinnen beträgt im Jahr 2007 84, im Jahr 2014 108 Personen. Die Gesamtanzahl männlicher Patienten umfasst im Jahr 2007 60, im Jahr 2014 80 Personen. Da die Frage nach einem relativen Anstieg gestellt wird, reichen diese absoluten Zahlen nicht zu einer Bewertung der Aussage aus, diese müssen hingegen in eine Relation gebracht werden. Dafür wird die Berechnung „(Gesamtanzahl 2014/Gesamtanzahl 2007) – 1 = relativer Anstieg“ verwendet: Der relative Anstieg der weiblichen Patientinnen ergibt sich somit durch die Berechnung von 108/84 – 1 = 28.57%. Der relative Anstieg der männlichen Patienten ergibt sich durch die Berechnung von 80/60 – 1 = 33.33%. Somit hat die Anzahl männlicher Patienten relativ gesehen stärker zugenommen als diejenige der weiblichen Patientinnen. Somit ist die Antwort b) als falsch zu beurteilen.

c) Richtig; betreffend der Gesamtzahl an männlichen Patienten mit Depression erkennt man auf den ersten Blick eine deutliche Zunahme des betreffenden Feldes.

d) Falsch; bei dieser Antwortalternative ist der genaue Wortlaut der Aussage zu beachten: Zwar erkennt man beim Betrachten des Diagrammes eine eindeutige Vergrößerung der Anzahl an weiblichen Patientinnen mit der Diagnose Essstörungen zwischen den Jahren 2007 und 2014, bei der angegebenen Antwort wird jedoch eine JÄHRLICH stetige Zunahme der betroffenen Patientinnen beschrieben. Da im Diagramm keinerlei Informationen über die anderen Jahren in diesem Zeitraum (2008-2013) gegeben werden, kann über diese Zeitstrecke auch keine Beurteilung vorgenommen werden. Somit ist Antwort d) als falsch zu beurteilen.

22. Wirkungsverlauf von Psychopharmaka

Hierbei gilt es die unterschiedlichen Kurzbeschreibungen des Wirkungsverlaufs der einzelnen Medikamente mit den 4 Diagrammen zu vergleichen:

a) Falsch; bereits beim Vergleich von A mit IV fällt auf, dass diese Antwort nicht richtig ist. A suggeriert eine stetig ansteigende Wirkung des Medikaments, was auf die Beschreibung III zutreffen würde.

b) Falsch; hier fällt ebenfalls bereits bei der ersten Gegenüberstellung (A mit I) auf, dass die Aussage nicht korrekt ist: auf A trifft die Beschreibung III zu.

c) Falsch; bei dem Gegenüberstellen von B mit der Beschreibung II fällt auf, dass laut Beschreibung die Kurve in B zwischendurch wieder etwas abfallen müsste. Da dies in Grafik B jedoch nicht der Fall ist, ist auch diese Antwortalternative falsch.

d) Richtig; alle Diagramme stimmen mit der Beschreibung der Grafiken überein.

23. Intelligenzquotient und Normalverteilung
Bei diesem Beispiel gilt es, die Grafik genau zu studieren und von dieser ausgehend die jeweilige Aussage zu beurteilen. Auch im Einleitungstext finden sich Informationen, die zur Lösung des Beispiels beitragen.

a) Richtig; wie im Text zum Beispiel beschrieben, wird ein IQ über 130 als Hochbegabung klassifiziert. Darunter fallen somit die Bereiche in der Grafik ab einem IQ von 130-145, der 2.1% der Verteilung umfasst, sowie der ab einem IQ von 145, der 0.1% der Verteilung einnimmt.

2.1% + 0.1% = 2.2%

2.2% der Verteilung gelten also als hochbegabt. 2.2% von 1000 sind 22 Personen. Die Aussage ist also als richtig zu bewerten.

b) Falsch; die Segmente der Hoch- und Minderbegabung umfassen jeweils die zwei äußersten Bereiche der Kurve. Diese beinhalten jeweils 2.2% der Verteilung (2.1% + 0.1%.) Die Antwort ist also falsch.

c) Richtig; um die Wahrheit der Aussage zu bestimmen, muss man die Prozentangaben der Bereiche 115 bis 130, 130 bis 145 und >145 addieren. 15.8% haben somit statistisch gesehen einen IQ über 115 (13.6% + 2.1% + 0.1% = 15.8%).

d) Falsch; der IQ von 122 befindet sich im Bereich von 115 bis 130, der laut Grafik einen Prozentrang von 13.6% einnimmt. Der IQ von 72 befindet sich im Bereich von 70 bis 85, der ebenfalls 13.6% ausmacht. Beide Fälle sind also gleich wahrscheinlich.

24. Streudiagramme und Zusammenhänge interpretieren

a) Falsch; zwar besteht bei Diagramm D ein negativer Zusammenhang, allerdings stimmt die Aussage innerhalb der Antwortmöglichkeit nicht: Ein negativer Zusammenhang besteht, wenn die beiden Wert-Verläufe entgegengesetzt sind, also beispielsweise die Werte auf der y-Achse umso größer sind, je kleiner die Werte auf der x-Achse sind und umgekehrt.

b) Richtig; da in den drei Diagrammen A, C und D ein ersichtliches Verhältnis zwischen den beiden Variablen besteht, ist jeweils von einem Zusammenhang auszugehen.

c) Falsch; da ein u-förmiger Zusammenhang in Diagramm C besteht, kann nicht von einem positiven Zusammenhang gesprochen werden: In der linken Hälfte des Diagramms werden die Werte auf der y-Achse immer kleiner, je größer die Werte auf der x-Achse sind (was einen negativen Zusammenhang der beiden Variablen suggerieren würde), in der rechten Hälfte werden die Werte auf der x-Achse jedoch immer größer, je größer die Werte auf der x-Achse sind (was für einen positiven Zusammenhang sprechen würde).

d) Richtig; da alle getätigten Aussagen über die drei Diagramme A, B und D zutreffen, ist die Antwortmöglichkeit als richtig zu erachten.

25. Experiment zur Auswirkung von Koffein auf Konzentrationsvermögen

a) Richtig; die Aussage lässt sich sehr simpel durch Betrachtung der beiden Säulendiagramme bewerten.

b) Falsch; der Kern der Aussage ist zwar richtig, allerdings entsprechen die richtig niedergeschriebenen Wörter wie im Einführungstext geschildert der abhängigen – und nicht wie in der Aussage genannt, der unabhängigen – Variable. Somit ist die Aussage, so wie sie niedergeschrieben ist, als falsch zu beurteilen.

c) Falsch; zwar scheint die Tageszeit laut Grafik auch eine Auswirkung auf das Wiedererinnern der Wörter zu haben (zum Abend hin werden schlechtere Leistungen erbracht), bei Betrachtung der Ergebnisse der beiden Gruppen ist jedoch zu erkennen, dass die TeilnehmerInnen der Gruppe 1 zu jeder Tageszeit besser abschneiden. Somit scheint der Konsum von Koffein ebenfalls eine Auswirkung auf das Konzentrationsvermögen und damit auch auf die Leistung beim Abschneiden des Experiments zu haben.

d) Falsch; man hat keine Informationen über alle einzelnen TeilnehmerInnen da es sich um Gruppenmittelwerte handelt.

26. Bedeutung von Aspekten der Arbeit

a) Richtig; hierbei gilt es die Werte aus beiden Diagrammen direkt miteinander zu vergleichen: Da die Angaben über „Finanzielle Aspekte" von 18 auf 25 um 7 am meisten zugenommen haben sowie die Angaben über „Selbstverwirklichung" (von 24 auf 19) und „Autonomie" (von 22 auf 17) jeweils um 5 am meisten abgenommen haben, ist die Antwort als richtig zu deuten.

b) Richtig; hierbei gestaltet sich die Beurteilung etwas schwieriger, da nach relativen Werten gefragt wird, der Rückgang der Äußerungen der Personen also jeweils in Relation zum ursprünglichen Wert von 2014 gesehen werden muss. Einen Rückgang der Aussagen verzeichnete man nur betreffend „Selbstverwirklichung" und „Autonomie", somit muss eines dieser beiden die Lösung darstellen. Zur Berechnung des relativen Wertes eignet sich folgendes Vorgehen:

(Wert 2015 / Wert 2014) – 1 = prozentueller Rückgang

Für „Autonomie" beträgt der Rückgang somit 22.72% (17/22 – 1 = -0.2272%), für „Selbstverwirklichung" hingegen 20.83% (19/24 – 1 = -0.2083%).

Die Antwortmöglichkeit ist somit als richtig zu deuten.

(Alternatives, simpleres Vorgehen: da der absolute Wert des Rückgangs mit 5 bei beiden gleich groß ist, muss folglich der prozentuelle Rückgang bei demjenigen Aspekt größer sein, der den geringeren Ausgangswert hat (da hierbei der absolute

Rückgang einen größeren Anteil annimmt als bei dem größeren Ausgangswert). Da dies auf den Wert der „Autonomie" zutrifft, muss diese Lösungsmöglichkeit die richtige sein.)
c) Richtig; die Lösung ist hierbei direkt durch die Wertangaben aus den Diagrammen zu entnehmen.
d) Falsch; die Aussagen betreffend „Betriebsklima" wurden 2014 (14) und 2015 (16) laut Diagrammen unterschiedlich oft geäußert, somit ist die Antwortmöglichkeit als falsch zu erachten.

27. Konditionierung zweier Hunde
a) Falsch; die abgebildeten Ausmaße der Reaktionsstärke entsprechen nicht denen im Eingangstext geforderten. Somit ist die Aussage falsch. Aussagen über Intelligenzvermögen und ähnliches lassen sich außerdem allein aufgrund des Experiments an zwei Exemplaren der Hunderasse nicht ableiten.
b) Richtig; Abbildung 2 verdeutlicht, dass Leslie am stärksten auf Ton 2 reagiert und Rex auf Ton 3. Somit ist diese Aussage richtig.
c) Falsch; es handelt sich zwar um eine grundsätzlich erfolgreiche Reizkonditionierung, aber nicht im Sinne der Instruktion, da die beiden Hunde auf den falschen Ton konditioniert wurden.
d) Falsch; siehe a), b) und c).

28. Produkteinführung
a) Richtig; Kurve (A) gibt diesen Verlauf als einzige qualitativ richtig wieder: anfangs ein geringer Anstieg, dann ein großer Anstieg, zum Schluss nur ein geringer Anstieg.
b) Falsch;
c) Falsch;
d) Falsch;

29. Experiment zur Erinnerungsfähigkeit
Grundsätzlich gilt es bei dieser Aufgabenstellung die einzelnen Aussagen mit den beiden Grafiken zu vergleichen:
a) Richtig; Lösung lässt sich schlicht durch Betrachtung der Grafiken entnehmen: Beim „serial recall" wurde jeweils das erste Wort (ca. 82% in der 10-Wörterliste und ca. 71% in der 15-Wörterliste) besser erinnert als das letzte (ca. 60% in der 10-Wörterliste und ca. 50% in der 15-Wörterliste), beim „free recall" hingegen das letzte Wort (ca. 87% in der 10-Wörterliste und ca. 81% in der 15-Wörterliste) jeweils besser erinnert als das erste (ca. 82% in der 10-Wörterliste und ca. 66% in der 15-Wörterliste).
b) Falsch; beispielsweise die Wörter an 2. und 3. Position der 6-Wörter-Liste wurden beim „serial recall" jeweils durchschnittlich besser erinnert als beim „free recall".
c) Falsch; die Aussage würde bei dem Modus des „serial recall" zutreffen, jedoch nicht auf die Durchführung beim „free recall", da hier das Wort auf der seriellen Position 3 ähnlich schlecht erinnert wurde.
d) Richtig; in der wissenschaftlichen Psychologie spricht man dabei vom Primacy-Recency-Effekt (früher und später erfasste Informationen werden gegenüber anderen eingehenden Informationen bevorteilt und damit besser erinnert).

30. Weiterbildungsmaßnahme
a) Falsch; Grafik bildet keine Prozentwerte ab, sondern Scores
b) Richtig; siehe Grafik: Beginn der Trainingsmaßnahme
c) Falsch; Obwohl Eigeninitiative und Selbstverantwortung erhoben wurde, bezieht sich die Grafik nur auf die Eigeninitiative
d) Falsch; Die Aussage, dass alle Teilnehmer am Ende des Trainings höhere Eigeninitiative aufzeigen, ist nicht ableitbar, da es sich um den Mittelwert aller Teilnehmer handelt.

31. Die Vergessenskurve
a) Falsch; Kurve ist zu Beginn steiler
b) Richtig; Im Vergleich zur Kurve der ersten Wiederholung ist die Kurve der 2. Wiederholung flacher.
c) Richtig; ablesbar bei 2. Wiederholung: 100%- (ca.) 70% = (ca.) 30%.
d) Falsch; die Ersparnis beträgt zirka 45%.

32. Freizeitverhalten von Jungen und Mädchen der 9. Klasse
a) Falsch; Die Aussage ist falsch, weil es sich zum einen um Mittelwerte handelt und zum anderen sich die Infos nur auf Neuntklässler beziehen.
b) Falsch; Die Aussage ist falsch, weil die Grafik nur Jungen und Mädchen der 9. Klasse vergleicht.
c) Falsch; Die Aussage ist falsch, weil Musik machen, nicht bedeutet, dass man musikalischer ist.
d) Richtig; 109 Minuten entsprechen 1h 49 Minuten.

33. Statistische Erfassung der Arbeitslosigkeit
a) **Richtig**; siehe Jahr 2010: 14,2 im Verhältnis zu 4,9
b) **Richtig**; im Durchschnitt ist die Arbeitslosenquote bei den unter 25 jährigen bei 18,25 und bei den über 25 jährigen bei 7,3. 18,25/ 7,3 = 2,5
c) **Falsch**; Bildungsstand und Altersgruppen werden in der Grafik getrennt abgebildet, zudem sind entsprechend der Grafik die unter 25 jährigen grundsätzlich stärker von Arbeitslosigkeit betroffen.
d) **Falsch**; Vergleich: Lösung c)

34. Entscheidungsanomalien
a) **Richtig;** geringe objektive Wahrscheinlichkeiten werden überschätzt: die Wahrscheinlichkeit vom Blitz getroffen zu werden, ist objektiv gering.
b) **Falsch;** geringe objektive Wahrscheinlichkeiten werden überschätzt: die Wahrscheinlichkeit, im Lotto zu gewinnen, ist objektiv gering.
c) **Richtig;** hohe objektive Wahrscheinlichkeiten werden unterschätzt.
d) **Falsch;** ab einer objektiven Wahrscheinlichkeit von ca. p= 0.4 wird die Wahrscheinlichkeit eines möglichen Verlustes im Vergleich zu einem Gewinn stärker empfunden.

35. Erlebte Last eines Kredites
a) **Falsch;** Der Vergleich von Gruppe 2 zu Zeitpunkt 2 mit Gruppe 3 zu Zeitpunkt 3 zeigt, dass die erlebte Last bei Gruppe 2 zu Zeitpunkt 2 größer ist. Sie müsste laut Aussage a) steigen, doch sie sinkt.
b) **Falsch;** In der Erinnerung wird die Last eines Kredits intensiver erlebt. Siehe: Gruppe 2 und 3 zu Zeitpunkt 1.
c) **Falsch;** Die erlebte Last eines Kredits von Gruppe 1 sinkt in der Vorschau (siehe Zeitpunkt 2 und Zeitpunkt 3), doch das aktuelle Erleben der Gruppen bleibt bei Zeitpunkt 2 belastender als ursprünglich prognostiziert.
d) **Richtig;** siehe Gruppe 2 zu Zeitpunkt 2 entspricht der Vorschau von Gruppe 2 zu Zeitpunkt 3.

Tabellen

36. Umfrage zu Kriterien des Arbeitsplatzes
Allgemein gilt es in der Tabelle die verschiedenen Prozentangaben hinsichtlich der Noten zu betrachten, immer unter Berücksichtigung der jeweiligen Anzahl befragter Personen.
a) Richtig; die Prozentangaben sind zwar identisch, da bei „Übernahme von Verantwortung" aber um 200 Personen mehr (insg. 1000) befragt worden sind als bei „Rasche Entwicklungsmöglichkeiten" (800), entschieden sich auch für die jeweilige Note wesentlich mehr Personen (390 : 312 Personen).
b) Richtig. Hier ist der jeweilige Themenbereich zeilenweise zu lesen und die bei besagten Themenbereichen liegenden höchsten Prozentzahlen bei Note 3 zu erfassen.
c) Falsch; zwar ist die Prozentanzahl identisch (7%), da bei „Übernahme von Verantwortung" jedoch wesentlich mehr Personen (1000) befragt wurden als bei „Guter Ruf des Unternehmens" (700), haben sich auch mehr Personen für die Note 2 entschieden (70 bzw. 49).
d) Richtig; hierbei ist sowohl die Prozentanzahl (7%) als auch die Anzahl befragter Personen (700) identisch.

37. Vergleich von Behandlungsmethoden bei Depression
a) Richtig; das grobe Ergebnis kann direkt den Zahlen der Tabelle entnommen werden. Man kann aber auch die konkreten Zahlen ermitteln: Von insgesamt 41 mit Psychotherapie behandelten Personen zeigten nach 1/2 Jahr 23 eine Besserung (23/41= 56%). Beim längeren Zeitraum von 2 Jahren verbesserte sich hingegen bei 32 von insgesamt 41 PatientInnen ihr Zustand (32/41 = 78%).
b) Richtig; Lösungsweg ist analog zu a).
c) Falsch; der erste Satz der Aussage ist korrekt. Diejenigen 7 Personen, die keinerlei Behandlung erhielten, zeigten im Zeitraum von 2 Jahren jedoch eine Verbesserung ihres Zustands.
d) Richtig; durch Addition der beiden Felder von „Besserung-Keine Behandlung" zu entnehmen (8+7 = 15).

38. Verkehrspsychologische Testung
a) Richtig; dies lässt sich durch das Betrachten der ersten Zeile (Sicherer Fahrstil) feststellen.
b) Richtig; dies lässt sich durch Betrachtung der Spalten und Zeilen der 4-Felder-Tabelle nachweisen.
c) Richtig; es fällt auf, dass in den Feldern von Unfall/Unsicherer Fahrstil und Kein Unfall/Sicherer Fahrstil höhere Werte zu finden sind, in den Feldern von Unfall/Sicherer Fahrstil und Kein Unfall/Unsicherer Fahrstil niedrigere. Dies spricht also für einen Zusammenhang der Einteilung des Testes in Sicherer/Unsicherer Fahrstil bezüglich der später erlittenen Unfälle der ProbandInnen.
d) Falsch; zwar kann wie in c) beschrieben von einem Zusammenhang ausgegangen werden, eine Kausalität (Wenn-Dann-Beziehung), wie in der Aussage getätigt, kann jedoch allein durch die Werte der Tabelle nicht angenommen werden.

39. Anzahl der PsychotherapeutInnen und ihrer therapeutischen Ausrichtung in Österreich
Allgemein betrachtet ergeben sich die Lösungen durch Begutachtung der Zahlen in den beiden Tabellen sowie durch Runden und ungefähres Dividieren entsprechender Zahlen.
a) Falsch; Lösung ist simpel durch Betrachten der Zahlen in der ersten Tabelle ersichtlich, oder genauer durch konkretes Dividieren der entsprechenden Zahlen:
In Tirol entspricht das Verhältnis ungefähr 1:1000 (667 PsychotherapeutInnen zu 700.000 Einwohner), in Wien eher einem Verhältnis von 1:500 (3413 zu 1.700.000).
Dividiert man die Werte konkret aus, so kommt man bei Tirol auf ein Verhältnis von knapp 1.050 (700.000:667=1049.48), bei Wien hingegen auf einen Wert von knapp 500 (1.700.000:3413=498.09).
In Wien kommen also auf eine/n TherapeutIn weniger Einwohner als in Tirol.
b) Falsch; In der Aufgabenstellung ist keinerlei Angabe über die konkrete Verteilung der psychotherapeutischen Ausrichtungen in den einzelnen Bundesländern gegeben, man kann allein aufgrund der angegebenen Zahlen somit auch keine Mutmaßung darüber erstellen.
c) Richtig; simpel durch Betrachten der entsprechenden Zahlen in der zweiten Tabelle sowie durch Addieren der jeweiligen Anzahl der TherapeutInnen der psychotherapeutischen Richtungen zu beurteilen (2472 zu 2301).
d) Richtig; konkret entspricht der Wert für Tirol 1.049 (700.000:667=1049), für Vorarlberg 1114 (370.000:332=1114).

40. Anzahl an FachärztInnen in den österreichischen Bundesländern

a) Richtig; hier gilt es das richtige Feld in der Spalte NÖ und Zeile Urologie einzusehen. Da 120 der insgesamt 575 UrologInnen in Niederösterreich (NÖ) tätig sind, trifft diese Aussage zu. Die Werte der Augenheilkunde (152) und der HNO (121) sind zu addieren, um auf den Wert von 273 der ÄrztInnen zu kommen, die in einem der beiden Bereiche tätig sind.

b) Richtig; in Vorarlberg sind laut Tabelle 16 NeurologInnen und 25 PsychiaterInnen beschäftigt. Somit trifft es zu, dass insgesamt 41 (=16+25) in einer der beiden Fachrichtungen in Vorarlberg tätig sind.

c) Richtig; ist in der Zeile „Psychiatrie" der Spalten „Insg." (661) und „Wien" (211) zu entnehmen. 211/661 = 0.319, was weniger als 1/3 darstellt.

d) Falsch; innerhalb der Chirurgie sind 410 Ärzte und Ärztinnen in Wien und 169 in Tirol tätig, also insgesamt 579 Personen, die in einem der beiden Bundesländer tätig sind. Somit sind 579 Ärzte und Ärztinnen innerhalb der Chirurgie in Wien ODER in Tirol tätig. Die Aussage lässt jedoch darauf schließen, dass die 579 Personen in beiden der genannten Gebiete beschäftigt sind.

41. Evaluation von Interventionsmethoden

a) Richtig; laut Tabelle scheint Intervention A als einzige eine stetig positive Wirksamkeit auf das Wohlergehen der PatientInnen beizutragen (dabei betrachtet man, ob die evaluierte Zahl im Laufe der Monate höher oder niedriger wird). Allein dadurch lässt sich jedoch nicht die Annahme tätigen, dass diese Interventionsmöglichkeit als einzige zur Gesundung der PatientInnen beiträgt. Allgemein fehlt eine Kontroll- bzw. Placebogruppe, um konkretere Aussagen über die Wirkungsweise zu tätigen.

b) Falsch; die Aussage ist korrekt und somit nicht anzukreuzen. Gesundheitszustand der PatientInnen, die mit Intervention A behandelt wurden, verbesserte sich pro Zeitraum um jeweils 4, 1, 2, 3 und 2 Punkte.

c) Falsch; die Aussage ist korrekt und somit nicht anzukreuzen. Aufzeichnungen der Punktanzahlen bei Intervention B bleiben über die Zeitperioden hinweg ähnlich groß, vorhanden sind höchstens Veränderungen von 2 Punkten.

d) Richtig; die Aussage ist falsch (und damit anzukreuzen), weil bei PatientIn ZB der Wert gleich ist (8). Außerdem hat man keine Information über den Zustand zu Beginn der Behandlung, sondern erst einen Wert für nach 2 Monaten.

42. Beschreibung der psychotherapeutischen Tätigkeit

a) Richtig; ist den Zahlenangaben der Tabelle zu entnehmen (184 von insgesamt 372 Personen).

b) Richtig; die direkte Berechnung für die relativen Anteile ist 184/(184+50+138) = 49.46% für die Analytische Psychotherapie und 61/(61+100+223) = 15.89% für die Verhaltenstherapie. 15.89 x 3 = 47.67, was einen kleineren Wert darstellt als 49.46.

c) Falsch; genau umgekehrt.

d) Falsch; bei der „Analytischen Psychotherapie" machen den größten Anteil die 184 Personen aus, die nach dem Verfahren arbeiten, für das Sie ausgebildet wurden.

43. Ergebnisse einer Prüfung in Sozialpsychologie

a) Richtig; hierbei sind die Zahlen der Spalte „Häufigkeit" zu addieren. Insgesamt nahmen somit 243 Personen an der Prüfung teil, was weniger darstellt, als die Zahl der Anmeldungen (250) zu erwarten ließ.

b) Falsch; es ist nur eine Prozentanzahl der Ergebnisse der letzten Termine gegeben, jedoch werden keine Angaben über Häufigkeiten von den letzten Prüfungsterminen gemacht.

c) Richtig; hierbei gilt es die insgesamte kumulierte Prozentanzahl der teilnehmenden StudentInnen (97,2%) von der Gesamtanzahl von 100% (=Anmeldungen) zu subtrahieren. 2.8% der 250 Anmeldungen wurden – aus welchem Grund auch immer – nicht in die Tabelle mit aufgenommen.

d) Richtig; bei dieser Aussage vergleicht man die Gesamtanzahl der bei der Prüfung teilgenommenen StudentInnen (durch Addition der Zahlen in der „Häufigkeit"-Spalte = 243) mit der Gesamtanzahl der Anmeldungen von 250. Durch Subtraktion (250 – 243) erhält man die gesuchte Zahl (7). 7 Studentinnen waren also ursprünglich zur Prüfung angemeldet, nahmen aber – aus welchem Grund auch immer – tatsächlich nicht an der Prüfung teil.

44. Entwicklung und Einschätzung der Lebenserwartung in Deutschland

a) Richtig; da man die Annahme tätigen soll, dass die weitere Schätzung der Lebenserwartung ähnlich stetig höher verläuft wie in den Zahlen der Tabelle (und hierbei sich die Lebenserwartung sowohl für Männer als auch für Frauen jedes Jahrzehnt stetig erhöht hat), ist ebenfalls für die folgenden Jahre eine Erhöhung der Lebenserwartung anzunehmen.

b) Richtig.

c) Falsch; die Aussage lässt sich allein aufgrund der Zahlen in der Tabelle nicht tätigen.

d) Falsch; zwischen 1950 und 1970 ist die Lebenserwartung von Männern um 2.8 Jahre (67,2 – 64,4) gestiegen, zwischen den Jahren 1990 und 2010 hingegen um 4.6 Jahre (77,2 – 72,6). Somit ist die Lebenswartung zwischen 1990 und 2010 stärker gestiegen als zwischen 1950 und 1970.

45. Nominalskala
a) Richtig; Die Psychologiestudenten Nr. 8, 12, 21 und 25 schreiben ihre Bachelorarbeit alle im Fachbereich Diagnostik, demnach besitzen sie äquivalente Objekte (Objekte, mit gleicher Merkmalsausprägung).
b) Richtig; Die beiden Merkmalsauprägungen müssen lediglich abgezählt werden. Daraus ergibt sich, dass beide jeweils 8 Mal vertreten sind.
c) Richtig; 3 von 30 Personen besitzen die Merkmalsausprägung 1. Dies ergibt: 3/30=1/10=0,1.
d) Richtig; Die Merkmalsausprägungen müssen lediglich abgezählt werden. Daraus ergibt sich: In Methodenlehre (1) absolvieren 3 PsychologiestudentInnen ihre Bachelorarbeit, in Wirtschaftspsychologie (2) sind es 8, in Bildungspsychologie (3) 7, in Diagnostik (4) 4 und in Klinischer und Gesundheitspsychologie (5) 8. Somit sind die PsychologiestudentInnen in Methodenlehre am geringsten vertreten.

46. Traumatisierung von Soldaten
a) Falsch; Aus der Tabelle geht nicht hervor, wie viele der 100 bzw. 400 Soldaten sowohl „Traumatische Ereignisse in Einsätzen" als auch „Andere traumatische Ereignisse" erlebten. Diese zusätzliche Kategorie wäre notwendig um eine Aussage über die Anzahl an Soldaten mit traumatischen Ereignissen zu treffen.
b) Richtig; 1200/1500=4/5
c) Falsch; 400/1500<400/900=4/15<4/9
d) Richtig; 100/900<400/900=1/9<4/9

47. Gesundheitsbefragung
a) Richtig; Die unter Geschlechterproportion angegebenen Zahlen geben den Anteil der Frauen im Vergleich zu den Männern an.
b) Falsch; Proportion Männer:Frauen 1:0,5 bzw. 2:1
c) Falsch; Die beiden Prozentangaben dürfen nicht addiert werden, da der Anteil der Befragten für Männer und Frauen gesondert angezeigt wird.
d) Falsch; Es lässt sich keine Aussage darüber treffen, da die Tabelle lediglich anzeigt, welche Kategorien zumindest ein Mal in Anspruch genommen wurden.

48. Drogenspezifische Betreuung
a) Richtig; Da die Zeilen „Nein" und „Ja" Prozentangaben sind und sich auf die „Gültigen Angaben" beziehen, muss die Spalte „alle" unter dem Feld "Längerfristige stationäre Betreuungen" für die Zeilen „Gültige Angaben", „Unbekannt" und „Missing" zusammenaddiert werden. → 579+32+44=655
b) Richtig; Alle Felder der Zeile „Missing", die zu den Spalten „w" gehören, müssen zusammenaddiert werden. → 8+9+3+4=24
c) Falsch; Da die Zeilen „Nein" und „Ja" Prozentangaben sind und sich auf die „Gültigen Angaben" beziehen, muss die Spalte „m" unter dem Feld "Niederschwellige Begleitung" für die Zeilen „Gültige Angaben", „Unbekannt" und „Missing" zusammenaddiert werden. →1.114+271+22=1.407
d) Richtig; Lässt sich ablesen.

49. Big Five
a) Falsch; Mit r= -0,26 besteht eine (schwache) negative Korrelation (ein Faktor hoch, der andere Faktor niedrig ausgeprägt). Außerdem erweckt die Formulierung „je höher ..., desto höher ..." den Eindruck eines Kausalzusammenhanges, welcher durch eine Korrelation nicht ableitbar ist.
b) Richtig; Es werden keine Angaben darüber gegeben, was das „-„ im Feld zu bedeuten hat.
c) Falsch; Innerhalb der Verträglichkeit ergibt sich der höchste Zusammenhang für Amotivation. Dieser ist zwar negativ, aber größer als der für Studienerfolg.
d) Falsch; r=0,14 > r=0,1

50. Belohnungssysteme
a) Richtig; Jedes Verhalten wird dadurch bestmöglich gefördert (+++).
b) Richtig; Dies wird durch die Zellteilung (++/-) dargestellt.
c) Richtig; Bis auf die angegeben Ausnahmen ist durchwegs eine Förderung zu verzeichnen (+, ++, +++)
d) Richtig; Die 3 angegebenen Belohnungssysteme sind alle mit +++ gekennzeichnet

51. Eigenschaften von Führungskräften

a) Richtig; Auch wenn der Prozentanteil gegenüber den übrigen Attributkategorien gering ist, so zählt auch diese zu den am häufigsten genannten.

b) Falsch; Die Prozentanteile müssen nicht nur addiert, sondern anschließend auch durch 2 dividiert werden, da der Durchschnitt der Geschlechter gebildet werden muss.

c) Falsch; Den höchsten Prozentanteil bilden weibliche Führungskräfte zwar in der Attributkategorie „engagiert", allerdings übertreffen sie die Männer am meisten in der Attributkategorie „verehrungswürdig".

d) Richtig; Addiert man die Prozentanteile der männlichen Führungskräfte mit denen der weiblichen Führungskräfte (5,6 + 5,8) und teilt dies durch 2 (Durchschnitt der beiden Geschlechter) ergeben sich 5,7 %, alle anderen Attributkategorien bilden geringere Prozentanteile.

52. Partnerwahl

a) Richtig; Bei „Entgegengesetztem Geschlecht" ist es wichtiger „Etwas Spezielles am Gegenüber" zu finden (3,11) als bei „Gleichem Geschlecht (2,91).

b) Richtig; Bei Freundschaften mit „Entgegengesetztem Geschlecht" ist die „Ähnlichkeit der Sozialkompetenzen" wichtiger (3,07) als für „Romantische" Beziehungen (2,87).

c) Richtig; Wenn alle Beziehungs- bzw. Freundschaftstypen zusammengenommen werden, ergibt sich der Höchstwert für die „Wünschenswerte Persönlichkeit des Gegenübers" (3,41).

d) Falsch; Es werden innerhalb der Grafik lediglich Aussagen zur anfänglichen Anziehungskraft und nicht zum Bestehen einer Beziehung getroffen.

53. Lebensereignisse

a) Falsch; Es werden keine Informationen darüber gegeben, ob eine Schwangerschaft von der Untersuchungsstichprobe als negativ oder positiv wahrgenommen wird. Es geht um den Aufwand, der für die Umstellung auf eine Schwangerschaft notwendig ist.

b) Falsch; Im Text steht, dass es sich um einen Ankerreiz handelt, dessen Punktewert vorgegeben wurde.

c) Falsch; Das Belastungsmaß setzt sich aus der Summe aller LCU-gewichteten Lebensereignisse zusammen, die in einem bestimmten Zeitraum eingetreten sind. Das bedeutet, dass es höher ist, wenn mehrere Lebensereignisse innerhalb eines Zeitraums eintreten.

d) Richtig; In dieser Zeile befinden sich die niedrigsten LCU-Werte von den 11 erwähnten Items.

54. Rauchen und Sensation-Seeking

a) Richtig; Dies lässt sich aus den Häufigkeiten ablesen und addieren.

b) Richtig; Bei spaltenweiser und zeilenweiser Betrachtung fällt auf, dass unter den Rauchern mehr als doppelt so viele hohe Sensation-Seeker zu finden sind als niedrige, und dass unter Hohen Sensation-Seekern ebenfalls deutlich mehr Raucher zu finden sind als Nichtraucher.

c) Falsch; Während ein Zusammenhang hier naheliegt, kann keine Aussage zur Kausalität getroffen werden.

d) Falsch; Auch hier bezieht sich die Aussage auf eine Kausalität, die hier so nicht festgestellt werden kann.

55. Substitutionstherapie

a) Richtig; Verrechnet man die PatientInnenzahlen mit den Ärztezahlen behandelt jede(r) Arzt/Ärztin in Brandenburg durchschnittlich 8,25 (99/12) PatientInnen, während es in Hamburg 48,65 (5060/104) sind.

b) Richtig; Dies lässt sich leicht aus den Häufigkeiten ausrechnen.

c) Falsch; Die Anzahl der PatientInnen wurde zum Stichtag 1.10.2010 erfasst, während die Ärzte die Gesamtzahl des Jahres 2010 darstellen. Somit dürften die PatientInnenzahlen tatsächlich höher sein, da drei Monate fehlen.

d) Falsch; Addiert man alle zum Stichtag gemeldeten PatientInnen, so ergibt sich eine Gesamtanzahl von 78 222.

56. Geburtenraten

a) Falsch; Diese Aussage lässt sich nicht aus den Daten ablesen. Zulässig wäre die Aussage, dass in Wien die meisten anonymen Geburten durchgeführt wurden. Warum das der Fall ist, muss hier offen bleiben.

b) Richtig; Diese Aussage lässt sich aus den Daten eindeutig ablesen.

c) Richtig; Da 73 von 212 anonymen Geburten von 2002 bis 2007 in Wien durchgeführt wurden, ist diese Aussage richtig.

d) Falsch; Die Rate der anonymen Geburten mag in Vorarlberg niedrig sein, warum das so ist lässt sich hier allerdings nicht klären.

57. Datenbereinigung
a) Richtig; Die Felder DEP_6 und DEP_9 bei Datensatz 36 sowie die Felder DEP_4,5 und 6 bei Datensatz 38 fehlen. Bei 9 Gesamtitems macht das bei Datensatz 36 22,2% und bei Datensatz 38 33,3% aus, sodass diese Datensätze nicht mehr korrigiert werden können.
b) Richtig; Dieser Datensatz ist plausibel und weist keine fehlenden Daten auf. Er kann also verwendet werden.
c) Falsch; Während der Datensatz 35 plausibel und verwendbar ist, wurde bei Datensatz 34 Feld DEP_3 ein Wert 7 angegeben, der nicht der definierten Skala von 0-6 entspricht. Hier muss also ein Fehler vorliegen.
d) Richtig; Bei Feld DEP_2 fehlt zwar ein Wert, da dieser aber nur 11,11% entspricht, kann er nachkorrigiert werden.

58. Studienzufriedenheit
a) Falsch; Da in jeder Spalte und Reihe je ein Feld die Regel <5 verletzt, können die Daten nicht interpretiert werden.
b) Richtig; Dies lässt sich an der Gesamtzeile ablesen.
c) Richtig; Dies ist aus der Zufrieden-Zeile ablesbar.
d) Richtig; Da in jeder Spalte und Reihe je ein Feld die Regel verletzt, können die Daten so nicht interpretiert werden.

59. Schulnoten
a) Richtig; Beide Zusammenhänge liegen über .7 und sind hochsignifikant mit Werten von .000.
b) Richtig; Mit einer hohen Signifikanz von .000 und einer Korrelation von .909 handelt es sich um einen starken, signifikanten Zusammenhang.
c) Falsch; Mit einem Wert von .067 handelt es sich um einen schwachen Zusammenhang, der mit einer Signifikanz von .277 auch nicht signifikant ist.
d) Falsch; Für diese (zu allgemeine) Aussage findet sich keinerlei Grundlage in der obenstehenden Tabelle.

60. Häufigkeiten
a) Richtig; Die Zeile „Fehlend" gibt diejenigen Datensätze an, zu denen keine Informationen vorliegen. In diesem Fall liegen also bei 14,9% der Datensätze keine Informationen zum Wohnort vor.
b) Richtig; Dies ist an den kumulierten Prozenten abzulesen. Bis zum 10. Bezirk sind 50,4% der Stichprobe abgedeckt.
c) Richtig; Addiert man die gültigen Prozente dieser Bezirke kommt man auf 45,1% bzw. kann man von den kumulierten Prozent 88,5-43,5 rechnen und erhält ebenfalls 45.
d) Falsch; Alle Bezirke bis einschließlich Bezirk 17 gemeinsam stellen 74,8%. Alleine stellt der 17. Bezirk nur 3,8%.

61. Häufigkeiten Medien
a) Falsch; Das Internet erreichte in allen Ländern eine durchschnittliche Prozentzahl von 31.
b) Falsch; Die Angaben der Tabelle wurden in Prozenten gemacht, nicht in absoluten Zahlen.
c) Richtig; Dies lässt sich aus der entsprechenden Zelle ablesen.
d) Falsch; Die 2% beziehen sich auf die Aussage, dass die Teilnehmer am wenigsten auf Hörbücher verzichten können, nicht wer Hörbücher hört oder nicht.

62. Wirksamkeitsstudie
a) Richtig; Die durchschnittliche Besserungsrate liegt bei den Anxiolytika über beiden anderen.
b) Falsch; Die Gruppe, welche mit Anxiolytika behandelt wurde, zeigte eine deutlich stärkere Verbesserung als die Antidepressivagruppe.
c) Falsch; Siehe oben.
d) Falsch; Die Antidepressivagruppe reagierte auf die Behandlung, nur nicht so stark wie die beiden anderen Gruppen.

63. Onlinenutzung
a) Richtig; Während die Gesamtzahl der Nutzer 1997 bei 6,5% lag, stieg diese bis 2000 auf 28,6%.
b) Richtig; Ab 2005 liegt die Anzahl erstmals bei 97,4%, die beiden folgenden Jahre weisen bereits 100% auf.
c) Falsch; Bis 2000 ist dies der Fall, danach übernimmt die Gruppe der 14-29-Jährigen die Führung.
d) Falsch; da Rentner mit der Gruppe der nicht berufstätigen zusammengefasst sind, kann man über Rentner alleine keine Aussage treffen.

64. Zusammenhang zwischen Einkommen und prosozialem Verhalten
a) Richtig; Die Zahlen deuten auf eine positive Korrelation hin (wenn eine Variable hoch ausgeprägt ist, ist auch die andere Variable hoch ausgeprägt- und umgekehrt).
b) Falsch; Korrelationen sind kein Beweis für Kausalitäten.
c) Falsch; es besteht ein positiver Zusammenhang.
d) Falsch; Verallgemeinerungen sind nicht zulässig.

65. Antwortmuster
a) Falsch; 1+34+2+18
b) Richtig; 17+12+1
c) Richtig; 17+5+34+18
d) Richtig; Antwortmuster 101

66. Häufigkeiten von verheirateten Paaren mit Kindern
a) Richtig; 22+31+ 22+ 13+7+3+2 = 100
b) Richtig; 22+31 = 53
c) Richtig; 22+ 13+7+3+2 +31 = 75
d) Falsch; 31+ 22 x 2+ 13 x 3+7 x 4+3 x 5+2 x 7=171

67. Gesundheitsverhalten von RaucherInnen
a) Falsch;
b) Richtig; 5/28 = 0,1785 = 17.9%
c) Falsch; 3/28+5/28 = 0.285 = 28.6%
d) Richtig; 8/28+4/28+2/28 = 0.5 = 50%

68. Entwicklung der Aktie
a) Falsch;
b) Richtig; (- 0.2)+(-3.7)+(-15.1)/3 = - 6,33 (entspricht einem Verlust von 6,3%)
c) Falsch;
d) Falsch;

69. Einstellung zu prosozialem Verhalten
a) Richtig; 2/28 = 0. 071 = 7.1% oder vergleiche mit Testwert 47, 51 oder 57.
b) Falsch; Angabe bezieht sich auf Häufigkeiten in Prozente und nicht auf Anzahl der Probanden.
c) Falsch; 100 - 3.6 – 17.9 – 7.1 – 10.7 – 7.1 – 10.7 – 7.1 – 3.6 – 7.1
d) Falsch; 28-1-2-3-4-2-3-3-2-1-2=5

70. Handybesitzer
a) Richtig; 6/12 + 2/12 + 2/12 = 10/12 = 5/6=0,83
b) Richtig; 2/12 = 1/6= 0,167=16,7%
c) Falsch; 6/12 = 50%
d) Falsch; 2/12 = 16,7%

Stochastik

71. Irrgarten
a) Falsch; Das Multiplikationstheorem der Wahrscheinlichkeitsrechnung für unabhängige Ereignisse lautet: 1/2 * 1/3 * 1/3 * 1/2 * 1/2= 1/72
b) Richtig; siehe a)
c) Falsch; 1/72= 0,014
d) Falsch; die Wahrscheinlichkeit, dass die Ratte zufällig ans Ziel findet beträgt 1,4%, p ist daher gleich 0,014.

72. Münze, Würfel, Karte
a) Richtig; 3 voneinander unabhängige Zufallsexperimente

1. Zufallsexperiment (Münze) besteht aus k1 = 2 möglichen (Elementar)-Ereignissen
2. Zufallsexperiment (Würfel) besteht aus k2 = 6 möglichen (Elementar)-Ereignissen
3. Zufallsexperiment (Karten) besteht aus k2 = 32 möglichen (Elementar)-Ereignissen

Aus 2*6*32=384 resultieren die möglichen Ereignisabläufe. p= 1/384= 0,0026 bzw 0,26%.
b) Richtig; siehe a)
c) Falsch; siehe a)
d) Falsch; siehe a)

73. Dichotomes Antwortformat
a) Falsch; es gibt 60% „Ja“ Antworten und 40% „Nein“ Antworten, diese beziehen sich auf die Häufigkeiten der gegeben Antworten.
b) Falsch
c) Falsch; 6:4 entspricht dem Verhältnis von „Ja“ zu „Nein“ Antworten.
d) Richtig: Die zwei möglichen Ereignisse „Ja“ „Nein“ sind einander ausschließend und treten (theoretisch) mit gleicher Wahrscheinlichkeit auf. Es gibt $k^n = 2^{10} = 1024$ mögliche Variationen. Das eine günstige Ereignis tritt mit einer Wahrscheinlichkeit von 0,000977 (= 1/1024 bzw. $0{,}5^{10}$) auf. Die Wahrscheinlichkeit beträgt 0,0977%.

74. Nummerierte Kugeln
a) Falsch; Die Wahrscheinlichkeit bei der 1.Ziehung die Kugel mit der Eins zu ziehen beträgt 1/5.
b) Falsch; Da es sich um ein Ziehen ohne Zurücklegen handelt verringert sich die zahl der Kugeln nach jeder Ziehung um genau eine.
c) Richtig; Die Anzahl der Möglichkeiten bei 5 Kugeln ist demnach n! = 5*4*3*2*1= 120. Das eine günstige Ereignis (Ziehung der einen richtigen Reihenfolge) kann unter 120 möglichen Reihenfolgen auftreten. Die Wahrscheinlichkeit ist also 1/120= 0,00833 bzw. 0,833%.
d) Falsch; siehe Erklärung c)

75. Tennisdoppel
a) Richtig; k=2 SpielerInnen aus n=7 möglichen SpielerInnen (Reihenfolge egal). 7!/(2!*(7-2)!)=21 mögliche Kombinationen. Die Wahrscheinlichkeit einer bestimmten Zuteilung (Sophie und Max) ist somit 1/21 bzw. 4,76%.
b) Falsch
c) Falsch
d) Falsch

76. Probanden ziehen
a) Falsch
b) Falsch
c) Richtig; 6!/3!= 120 mögliche Kombinationen. Die Wahrscheinlichkeit einer bestimmten Kombination beträgt somit 1/120 bzw. 0,833%.
d) Falsch

77. Rehaklinik
a) Falsch
b) Richtig; 10 Personen sollen in Zimmer 1 mit n=3, Zimmer 2 mit n=3 und Zimmer 3 mit n=4 Betten eingeteilt werden. Die möglichen Kombinationen ergeben sich durch $\frac{10!}{3!*3!*4!} = 4200$.
c) Falsch
d) Falsch

78. Ergebnisraum
a) Richtig;
b) Richtig;
c) Falsch; Ein mögliches Ergebnis wäre auch noch ein Unentschieden, Ω= {Sieg; Unentschieden; Niederlage}, somit wäre n=3.
d) Richtig;

79. Gemeinsames Referat
a) Falsch
b) Richtig; Man muss hierbei beachten, dass z.B. AB und BA oder BD und DB das gleiche Team darstellen. Man darf keine Elemente des Ergebnisraumes doppelt zählen.
c) Falsch; z.B. A kann nicht mit sich selbst ein Team bilden.
d) Falsch

80. Platzvergabe
a) Falsch; die Kombinationsmöglichkeiten werden per Fakultät berechnet, siehe d).
b) Falsch; Der Ansatz, per Fakultät zu rechnen, ist grundsätzlich richtig, hier allerdings falsch umgesetzt. Tatsächlich muss gerechnet werden 10x9x8x7x6 (siehe Antwort d), da nach fünf Studierenden noch fünf Plätze übrig bleiben werden. Somit wird von zehn bis fünf herunter gezählt.
c) Richtig; Hierbei wird die Fakultät der vorhandenen Sitze durch diese der zu platzierenden Studierenden geteilt, sodass die korrekte Anzahl von 30240 Kombinationsmöglichkeiten errechnet wird.
d) Richtig; mit jedem Studierenden, der sich setzt, verringert sich die Auswahl für den nächsten Studierenden um eins, bis der letzte noch zwischen sechs Plätzen wählen kann.

81. Hochzeitstanz
a) Richtig; Diese Kombination ergibt sich aus 4x3x2x1=24 Tanzpartnerinnen.
b) Richtig; Dies ergibt sich daraus, dass nach vier Runden jeder Mann einmal mit jeder Frau getanzt haben wird.
c) Richtig; Tanzen die Teilnehmerinnen hingegen auch gleichgeschlechtlich, erhöht sich die Zahl der potentiellen Tanzpartnerinnen auf sieben, da bei vier teilnehmenden Paaren acht teilnehmende Tänzer vorhanden sind. Von diesen acht kann einer der Tänzer also mit sieben weiteren Personen tanzen, sodass sich der gesamte Tanz auf sieben Runden verlängert.
d) Falsch; Ein Tänzer, der auch gleichgeschlechtlich tanzt, hat analog zu Lösung a) 7x6x5x4x3x2x1=5040 verschiedene Kombinationsmöglichkeiten was die Reihenfolge seiner Tanzpartnerinnen betrifft.

82. Das Kartenspiel
a) Falsch; da die Karten nach dem Notieren wieder zurückgelegt werden, können diese auch mehrfach gezogen werden.
b) Richtig; aufgrund des Zurücklegens sind pro Durchgang alle zehn Karten zum Zug verfügbar, also werden bei sechs Durchgängen jeweils zehn Karten berücksichtigt.
c) Falsch; da die Karten zurückgelegt werden, bleibt die Menge der ziehbaren Karten über alle Durchgänge hinweg konstant.
d) Richtig; da aus zehn Karten sechs gezogen werden, beträgt die Wahrscheinlichkeit, dass eine bestimmte gezogen wird 6/10 oder 3/5. Soll diese Karte ein weiteres Mal gezogen werden, so muss diese Wahrscheinlichkeit mit sich selbst multipliziert werden. Das Ergebnis ist 9/25 oder .36.

83. Die Spielshow
Das Beispiel bezieht sich auf das sog. Monty-Hall-Dilemma:
a) Falsch; Die Gewinnwahrscheinlichkeit nach der ersten Wahl liegt bei 1/3. Auch der Wegfall des dritten Tores ändert daran nichts. Wechselt Herr Huber nun aber zum anderen Tor, liegt die Wahrscheinlichkeit eines Gewinns bei 2/3. Daher erhöht ein Verbleib beim gewählten Tor die Gewinnwahrscheinlichkeit nicht.
b) Richtig; Siehe oben. Ein Wechsel zum anderen Tor steigert die Gewinnwahrscheinlichkeit auf 2/3 und erhöht somit die Gewinnchancen erheblich.
c) Richtig; Trotz des Wegfalls eines der Tore bleibt die Gewinnwahrscheinlichkeit der ersten Wahl gleich, da zwischen drei Alternativen gewählt wurde.
d) Falsch; Es liegen keine Hinweise auf die Handlungsmotivation des Moderators vor.

84. Im Berufsverkehr
a) Richtig; Betrachtet man die Häufigkeiten der Berufsgruppen im Zug, so ist der Herr im Overall am Wahrscheinlichsten ein Kindergärtner.
b) Falsch; Hier wird davon ausgegangen, dass der aussteigende Herr Bauarbeiter ist. Da die Gruppe der Bauarbeiter im Zug allerdings die kleinste Gruppe stellt, ist dies unwahrscheinlich. Hiervon kann aufgrund der gegebenen Information nicht ausgegangen werden, auch wenn der Overall darauf hinzuweisen scheint.
c) Richtig; Vor der Station befinden sich 138 Personen im Zug. Da an der Station ein Herr aussteigt und zehn weitere Personen zusteigen, befinden sich nun 147 Personen im Zug.
d) Falsch; Während der Overall darauf hinzuweisen scheint, dass es sich bei dem aussteigenden Herrn um einen Bauarbeiter handelt, ist dies statistisch unwahrscheinlich, da die Bauarbeiter im Zug die kleinste Gruppe stellen.

85. Prüfungsantworten
a) Falsch
b) Richtig; 1/2x1/2x1/2x1/2x1/2=1/32
c) Falsch
d) Falsch

86. Psychotherapierichtungen
a) Richtig; Er weiß, dass es sich um die tiefenpsychologisch-psychodynamische Orientierung gehandelt hat, deshalb gibt es 12 Möglichkeiten (12 Psychotherapierichtungen dieser Orientierung). Da ihm 2 Psychotherapierichtungen vorgeschlagen wurden, von denen er mit einer beginnen soll, ergibt sich eine Wahrscheinlichkeit von 1/6 (2/12).
b) Falsch; *Siehe Lösungsweg a)*
c) Falsch; *Siehe Lösungsweg a)*
d) Falsch; *Siehe Lösungsweg a)*

87. Merkfähigkeit
a) Falsch; Da es sich um die Schwägerin handelt, besteht keine genetische Ähnlichkeit. 50 % der Bevölkerung weist einen T-Wert von T=43-57 auf, deshalb wird ihr T-Wert ebenfalls mit einer Wahrscheinlichkeit von 50 % in diesem Bereich liegen. Die Wahrscheinlichkeit dafür, dass sich ihr T-Wert bei T>57 befindet, beträgt lediglich 25 %.
b) Falsch; Die Wahrscheinlichkeit für T<43 liegt bei 25 %, die Wahrscheinlichkeit für T=43-57 dahingegen bei 50 %.
c) Richtig; Die Wahrscheinlichkeit beträgt sowohl für T<43 als auch für T>57 25 %.
d) Falsch; Da es sich um eine Normalverteilung handelt, ist nicht jeder T-Wert gleich wahrscheinlich wie es z.B. beim Würfeln der Fall ist. Dies wird zudem durch die 3 T-Bereiche mit einer Verteilung von 50 %, 25 % und 25 % veranschaulicht.

88. Aufteilung des Publikums
a) Falsch; zu Beginn des Events sitzen 40 JuristInnen im Saal. Von den eingeladenen 400 Personen machen diese 10% aus (40/400). Da jedoch nicht bekannt ist, ob darüber hinaus noch weitere Personen aus dem juristischen Tätigkeitsbereich zum Event eingeladen sind, kann man keine konkrete Aussage über die Anzahl eingeladener JuristInnen tätigen.
b) Falsch; es bestehen keine Informationen über die Verteilung der insgesamt 400 geladenen Personen, was ihr Arbeitsgebiet angeht. Nur weil bei den vor der Pause gekommenen Gästen die PsycholgInnen und WirtschaftlerInnen überwiegen, bedeutet dies nicht, dass dieser Sachverhalt auch auf die zu spät kommenden 10 Personen zutrifft.
c) Richtig; vor Beginn der Pause befinden sich 300 Personen (160 PsychologInnen + 100 WirtschaftlerInnen + 40 JuristInnen) im Saal. Davon sind 100 WirtschaftlerInnen, was einen Quotienten von 100/300 oder 1/3 darstellt.
d) Richtig; insgesamt 400 Personen waren geladen, 310 sind tatsächlich zum Event erschienen (160 Psycholog-Innen + 100 WirtschaftlerInnen + 40 JuristInnen + 10 zu spät kommende Personen). Dies bedeutet, dass die übrigen 90 ursprünglich eingeladenen Personen nicht erschienen sind.

89. Ziehen einer Karte

a) Richtig; es gibt 8 Karten, die passend zur Aussage gezogen werden können (Ass und König jeweils in den 4 Symbolen). Insgesamt gibt es 52 Karten, aus denen die 8 Karten gezogen werden können – dies entspricht einer Wahrscheinlichkeit von 8/52, gekürzt 2/13.

b) Richtig; für die nächste Runde soll ein Ass, ein König oder eine Dame gezogen werden, 12 Karten stehen dafür zur Verfügung (jeweils 4 Karten für Ass, König und Dame). Da man jedoch vor der Runde 4 dieser 12 Karten (3 Asse und 1 König) aus dem Kartenstapel entfernt hat und diese auch nicht für die kommende Runde berücksichtigt, gibt es tatsächlich nur noch 8 ‚Gewinn'-Karten (= 12 – 4). Die insgesamte Kartenanzahl vor der Runde entspricht dieses Mal einer Anzahl von 48 (da man 4 Karten der 52 im Kartendeck vor der Runde entfernt hat). Somit besteht eine ‚Gewinn'-Wahrscheinlichkeit von 8/48, oder gekürzt 1/6.

c) Falsch; die Wahrscheinlichkeit, eine bestimmte Karte aus dem Kartendeck von 52 Karten zu ziehen, beträgt 1/52. Will man zweimal dieselbe Karte aus dem Deck ziehen, muss man diese Wahrscheinlichkeit multiplizieren, also 1/52 x 1/52 = 1/2704.

d) Richtig; es stehen insgesamt 9 Karten im Deck zur Verfügung: Karo-König, Pik-König, Herz-König, Karo-Dame, Pik-Dame, Herz-Dame, Karo-Junge, Pik-Junge und Herz-Junge. Die 9 Karten werden aus dem Deck von 52 Karten gezogen, was einer Wahrscheinlichkeit von 9/52 entspricht.

90. TeilnehmerInnen bei einem Gruppengespräch

a) Falsch; hier lässt man sich leicht zu der so genannten ‚Repräsentativitätsheuristik' verleiten, die besagt, dass die Wahrscheinlichkeit von Ereignissen danach bewertet wird, wie genau sie bestimmten Prototypen entsprechen. Die Beschreibung des Herrn trifft hier wohl recht häufig auf eine Person zu, deren Bild man mit dem eines Arbeitslosen verknüpfen würde. Jedoch stammen 95% der TeilnehmerInnen aus einem bestimmten Tätigkeitsbereich, nur 5% der TeilnehmerInnen sind als arbeitslos gemeldet, was es sehr unwahrscheinlich macht, dass der Herr auch tatsächlich arbeitslos ist.

b) Falsch; den größten Anteil machen laut oben angeführter Statistik die SozialwissenschaftlerInnen (40%) aus.

c) Falsch; es ist keine Information darüber gegeben, ob sich die insgesamte 60:40 Verteilung auch auf jede der Fachrichtungen bezieht.

d) Richtig; laut Beschreibung liegt eine Verteilung von 60% männlicher und 40% weiblicher TeilnehmerInnen vor. Somit wären demnach von 40 TeilnehmerInnen 16 Frauen (0.4 x 40) zugegen.

91. Augenzahlkombinationen bei 2 Würfeln

Zunächst sollte man sich überlegen, wie viele mögliche Ausgänge bezüglich der Augenzahlkombinationen beim Wurf von 2 *verschiedenen* Würfeln allgemein möglich sind: Laut den aufgezeigten Augenzahlkombinationen sind 36 Ausgänge möglich. Von diesen 36 muss man nun immer diejenigen Kombinationen betrachten, die für die einzelnen Aussagen eine Rolle spielen.

a) Richtig; es gibt 4 Möglichkeiten, eine Augensumme von 9 zu würfen [(6, 3), (5, 4), (4, 5), (3, 6)]. 4 der insgesamt 36 möglichen Ausgänge bringen somit die Augenzahlkombination von 9, also 4/36 oder 1/9.

b) Richtig; da 2 die kleinstmögliche Augensumme ist, die mit 2 Würfeln erzielt werden kann, hat man bei jedem Wurf (= 100%) eine Summe von 2 oder mehr (=mind. 2).

c) Richtig; eine insgesamte Augenzahlkombination von mindestens 10 erhält man bei den Ausgängen von (6, 4), (5, 5), (6, 5), (4, 6), (5, 6) und (6, 6). Dies sind 6 der insgesamt 36 möglichen Augenzahlkombinationen. Somit ist eine Wahrscheinlichkeit von 6/36 oder 1/6 gegeben.

d) Falsch; für Augensumme „maximal 3" sind 3 Ausgänge möglich: [(1, 1), (1, 2), (2, 1)]. Dies entspricht einer Wahrscheinlichkeit von 3/36 = 1/12. Es gibt 3 Möglichkeiten für die Augensumme „minimal 11": [(6, 5), (5, 6), (6, 6)]. Die Wahrscheinlichkeiten sind somit gleich.

92. Gewinnspiel mit Ziehung von Kugeln aus einer Urne

a) Richtig; die Wahrscheinlichkeit, von den 10 Kugeln eine bestimmte zu ziehen, beträgt 1/10. Da die gezogene Kugel wieder in die Urne zurückgelegt wird, ist diese Wahrscheinlichkeit für alle Runden der Ziehung gleich groß. Soll nun erneut eine bestimmte Kugel gezogen werden, so muss für die insgesamte Wahrscheinlichkeit der zwei Ziehungen die Wahrscheinlichkeit der ersten Ziehung (1/10) mit der der zweiten Ziehung (1/10) multipliziert werden. Dies ergibt eine Wahrscheinlichkeit von 1/100 bzw. 1%.

b) Falsch; will man zwei bestimmte Kugeln hintereinander ziehen, so muss die gegebene Wahrscheinlichkeit multipliziert – und nicht addiert – werden. Siehe a).

c) Richtig; pro Durchgang stehen jeweils 10 Kugeln für die Ziehung zur Verfügung. Daher muss man diese Anzahl von 10 Kugeln 5-mal (=für jede der fünf Runden) multiplizieren. Dies ergibt 10^5=100.000 verschiedene Kombinationsmöglichkeiten.

d) Falsch; siehe b) und c). Die Aussage wäre wahr, würde man nach jeder Ziehung die ausgewählte Kugel nicht wieder in die Urne zurücklegen. Dann würde sich jede Runde die Anzahl der Möglichkeiten um 1 verringern, womit eine Gesamtzahl an Kombinationsmöglichkeiten von 10*9*8*7*6=30.240 entstehen würde.

93. Wortspiel

Hier gilt es zu beachten, dass es sich um eine Reihenfolge mit Wiederholung handelt: n^k

c) Falsch

b) Richtig; n=4, k=3

$n^k = 4^3 = 64$

c) Falsch

d) Falsch

94. Hochzeitsfeier

a) Falsch

b) Falsch

c) Richtig; n=5, k=2; n!/(n-k)!.k!= 5!/((5-2)!*2!= 20

d) Falsch

Arbeiten mit Formeln/Prozentrechnungen

95.
c) Richtig; δ= 3.F/X.C \mal C
δ.C= 3.F/X \durch δ
C= 3.F/X δ

96.
a) Richtig; V= K.((x.y)/z^2) \mal z^2
V.z^2= K.(x.y) \durch K.y
x= (V.z^2)/(K.y)

97.
a) Falsch;
b) Falsch;
c) Falsch;
d) Richtig; r_6= 1- 0,0046- 0,032- 0,49- 0,087- 0,22- 0,08= 0,0864

98. Wirkstoff
a) Richtig; 50:100= 2,5:x (Produkt der Innenglieder = Produkt der Außenglieder)
250= 50x
x= 5

99. Qualitätsmanagement
c) Richtig; 45:7,5= x:100
4500= 7,5x
x= 600
600 Packungen pro Minute mal 60 ergibt 36000 Packungen pro Stunde.

100. Sparen
b) Richtig; 346,50:18= x:100
34650= 18x
x= 1925

www.psychologe-hanko.at

15490615R00065

Printed in Great Britain
by Amazon